MARIE-BENOÎTE ANGOT

ADORAR CON MARÍA

MARIE-BENOÎTE ANGOT

ADORAR CON MARÍA

EDIBESA
MADRID, 1998

Traducción de Marta Silvela Barcáiztegui.

Madre de Dios, 35 bis - 28016 Madrid
Tel.: 91 345 19 92. Fax: 91 350 50 99
E-mail: edibesa@planalfa.es.

ISBN: 84-8407-004-2
Depósito legal: M-27492 -1998
Impreso en España por:
M.G. Comunicación Gráfica
Aldea del Fresno, 27 - 28045 Madrid

ÍNDICE

Presentación. 9

I
LA ORACIÓN CON MARÍA

Misterios gozosos. 13

1. La Anunciación 15
2. La Visitación 21
3. El Nacimiento 25
4. La Presentación de Jesús 29
5. Jesús perdido y hallado 35

Misterios dolorosos. 41

1. La agonía de Jesús 43
2. La flagelación 45
3. La coronación de espinas 47
4. Jesús carga con su Cruz 49
5. Jesús vivo en la Cruz 51

Misterios gloriosos. 53

1. La Resurrección 55
2. La Ascensión 57
3. Pentecostés 61
4. La Asunción 65
5. La coronación de María 67

II
ORACIONES DE ADORACIÓN

Estoy cerca de vosotros 75
En tu presencia 77
Sólo tú 78
Todo lo espero de ti 79
Te espero en mi corazón 80
Enséñanos 83
Tú, a quien adoro sin cesar 85
Plegaria-Visitación dentro de ti 86
El silencio de la adoración 88
Miseria y misericordia 91
El pobre cesto 93
Motita de polvo 97
Oración del alma atormentada en medio de la noche 98
Una venda sobre los ojos 100
Dios te salve 102
La adoración de María 105
Adora mi santa Faz 107
Dulce rostro de Jesús 109
Jesús es fruto, Jesús es viña 111
Sangre preciosa de Jesús 112
Letanías del Corazón abierto de Jesús 113
Los latidos de tu Corazón, oh Jesús 117
El Corazón de Dios 121
Sumida en tu Corazón 126
La llaga del Corazón 127
En tu Corazón, Señor, es donde vivo 129
Oración a mi Padre del cielo 130
Mi Padre, oh mi Dios 131
Padre de inmensa ternura 132
Enlace eterno 133
Oración de adoración al Espíritu vivo 134
Como un fuego devorador 135
Dejaros quemar 138
La mañana de Pascua 140
Una perla en mi corazón 143

PRESENTACIÓN

Adorar es mirar a Jesús queriéndolo. Es lo que hizo María toda su vida. Para entrar en adoración no hay mejor camino que el de orar con María.

Orar con María es ponerse en oración para ver vivir a Jesús con los ojos y con el corazón de María. A través de las escenas de su vida gozosa, dolorosa y gloriosa, el Evangelio entero se nos vuelve a presentar y se desarrolla en nuestra alma tan vivo y actual como lo fue para María. Los misterios del rosario no pueden ser de esta manera una recitación monótona sino que, por el contrario, nos introducen en la vida interior. Nuestra mirada ya no puede ser superficial. Sabremos, como María, ver mucho más allá de las apariencias y «guardar todas esas cosas en nuestro corazón».

Porque las maravillas de Dios y sus misterios sobrepasan el entendimiento humano. El alma asombrada y maravillada se eleva hacia su Dios en la más bella de las oraciones: *El Señor ha hecho por nosotros maravillas. ¡Santo es su nombre!* Al cantar su alegría, María cantaba las maravillas del Señor porque primero y antes que nada lo había reconocido como su Señor, acogiéndolo y *llevándolo* en ella.

Persona viva, palpitando en ella, Jesús fue así amado y adorado por María desde el primer momento. El amor de María por Jesús, el hijo de Dios hecho hombre, fue de una incesante adoración. A este estado de adoración es al que nos lleva día tras día la oración con María.

Para estar cerca de nosotros, y tan íntimamente unido como lo estuvo con María, Jesús se hizo Eucaristía. Para acogerlo y *llevarlo* en nosotros, como lo hizo María, lo mejor que podemos hacer es acercarnos a Él, presente vivo, con su Cuerpo y Sangre, en la Eucaristía. Se produce entonces para nosotros el gran descubrimiento: el descubrimiento de su persona. Es el encuentro de corazón a corazón anunciador del cara a cara.

La adoración de Jesús-Eucaristía es ese encuentro.

La oración con María y la oración de adoración están íntimamente ligadas a las Casas de Adoración[1]. Una Casa de Adoración es siempre la casa de María. Una Casa de Adoración es también, por definición, *«una casa donde se adora a Jesús»*[2], de la misma manera que María y José adoraron a Jesús en la humilde casa de Nazaret.

La persona viva de Cristo está siempre, con María, en las Casas de Adoración. Son sus cimientos y les dan vida. Son ellos, María y Jesús, los que transforman nuestras casa humildes y pobres en Casas de Adoración.

Que la oración con María nos lleve siempre más a la adoración de Jesús vivo.

---

[1] Las Casas de Adoración constituyen una Asociación de Laicos Consagrados a la Eucaristía. Se puede consultar el libro de Marie-Benoîte Angot «Las Casas de Adoración».

Para más información pueden dirigirse a: *Marie-Benoîte Angot. 31, Rue du Sommerard. Fax: 33-1-46 34 70 73 - 75005 París (Francia).*

[2] El Misterio del Amor Viviente, de la misma autora.

I

LA ORACIÓN CON MARÍA

María guardaba todas estas palabras
y las meditaba en su corazón.

Lucas 2, 19.

LOS MISTERIOS GOZOSOS

1. **La Anunciación**
   ¡Casas de Adoración.
   Casas de María!

2. **La Visitación**
   La espiritualidad del pan cotidiano.

3. **El Nacimiento**
   La alegría de la adoración.

4. **La Presentación de Jesús**
   La ofrenda, vocación del bautizado.

5. **Jesús perdido y hallado**
   La elección de Dios.
   El misterio de la separación.

LA ANUNCIACIÓN

¡Casas de Adoración. Casas de María!

En el **silencio** de su casa es donde María se retira, sola con su Dios.

> *«Tú, cuando quieras rezar, entra en tu cuarto, cierra la puerta y reza en secreto. Tu Padre, que te ve, te recompensará»* (Mt 6,6).

Hay en el alma de María como un conocimiento misterioso de estas palabras del Evangelio; palabras que su Hijo dirá a los Apóstoles y a todos aquellos que le escuchaban; palabras que llegan hasta nosotros para que las vivamos como las vivió María.

Para rezar en secreto no es necesario retirarse a una alta montaña o a un lugar inaccesible ; basta quedarse en el mismo sitio donde nos ha puesto Dios, en nuestras casas, en nuestras familias; en medio del mundo.

Depende sólo de nosotros el retirarnos, en lo secreto de nuestra alma, allí donde reina ese **silencio interior** que Dios está deseando colmar.

María, en el silencio de su casa, reza y adora a su Dios.

Oración tan humilde, tan discreta, tan insignificante que atrae con una fuerza indecible el amor de Dios. Es la fuerza del Espíritu vivo, del Espíritu del Padre y del Hijo.

El Espíritu vivo anuncia siempre la llegada del Padre y del Hijo, pues el Espíritu envuelve al Padre y al Hijo, los reviste de su fuerza y de la ternura que les comunica continuamente. Es el «viajero»: el que lleva.

El Espíritu vivo viaja sin parar porque lleva, trae y transporta el amor:

– Amor entre el Padre y el Hijo, entre el Hijo y el Padre,
– Amor del Padre y del Hijo hacia los hombres,
– Amor de los hombres que vuelve al Padre, por el Hijo.

María en oración, en el silencio de su casa, está llena del Espíritu Santo. El silencio es tan grande en el alma de María que puede oír lo que Dios quiere decirle. Y Dios dice siempre cosas sorprendentes para la comprensión humana.

Dios preparó el alma de María para que acogiera en la fe, en la esperanza y en el amor, todo lo que iba a pasar. Su alma fue preparada en el crisol del sufrimiento.

Nadie puede acoger el don de Dios en la fe, en la esperanza y en el amor, si no ha pasado por un profundo sufrimiento interior. Ese es el camino que Dios siempre elige para introducirse en un alma; para ahondar en ella lo bastante para poder plantar esos tres espléndidos árboles que son la fe, la esperanza y el amor, para acabar por reinar total y absolutamente en ella.

¡Quién puede saber los sufrimientos que María conoció desde su más tierna infancia, para querer estar dedicada sólo a su Dios y consagrarle toda su vida!

¡Laica consagrada, viviendo en medio del mundo!
Tal vez María había pensado servir a Dios de una manera distinta. Pero Dios había preparado todo para ella: puesta aparte para Dios, pero llevando exteriormente la vida más normal y corriente.

María, esposa de José, viviendo en un pueblo pobre, habitando una de las casitas de ese pueblo y haciendo la vida de todas las mujeres, de todas las esposas.

En esas condiciones de vida tan sencilla, Dios quiere venir a colmar los deseos de María. María espera el reino de Dios; la venida del Mesías. Y el Espíritu, que habita en ella, va a venir a colmar esa espera.

Colmando a María, Dios vino a colmar a toda la humanidad en espera. Pasa lo mismo con cada uno de nosotros. Cuando recibimos una gracia, nunca es para nosotros solos. Siempre es para una multitud, pues la gracia desborda siempre de un corazón como de un cáliz rebosante que se derrama en su entorno. ¡Ah! si supiéramos esto, jamás rechazaríamos las gracias, pues aunque a nosotros nos dejaran indiferentes, ¿cómo seríamos capaces de privar a los demás de ellas?

María no rechaza la gracia. La acoge. Es «la llena de gracia».

Una gracia es un beneficio de Dios. El beneficio anunciado por el ángel es tan grande que sobrepasa el entendimiento humano. Es la gracia de las gracias: ¡Dios nos da a su Hijo! El Padre nos da la joya de su corazón: su Niño, Dios como Él y hombre como nosotros.

¡El fruto de tus entrañas, oh María, es ante todo fruto único, brotado del corazón del Padre!

María sabe que ninguna voluntad humana puede realizar tal cosa, y menos que nadie ella que está incapacitada total y radicalmente, dadas sus condiciones de vida. Esta «imposibilidad» de María es lo que le gusta a Dios. Como María no puede ser madre por voluntad humana, va a convertirse en Madre de Dios y Madre de todos los hombres.

Dios sólo puede actuar cuando nosotros lo permitimos.

El «cómo» de María no expresa ni duda ni vacilación. Es un abandono total en manos de la divina Providencia. María no tiene ningún poder humano que le permita cumplir la voluntad de Dios. Y lo constata con toda sencillez: «no conozco varón». Lo cual significa: no puedo hacer nada por mí misma.

En efecto, María no puede hacer nada, pero Dios sí podrá. Y es lo que el ángel le contesta de parte de Dios: «El Espíritu Santo te cubrirá con su sombra.»

¡El Espíritu Santo, el Espíritu vivo lo hará todo! ¡Ah! Ahora María comprende en un instante. Sabe y cree que Dios lo puede todo, y si es Dios el que actúa enviando su Espíritu, entonces sí. ¡María dice *sí*! Porque cree en la fuerza viva, en la suprema ternura del Espíritu de Dios que está en ella. Es así como acepta servir, es decir, acepta estar al servicio de la voluntad de Dios.

La voluntad de Dios nos sobrepasa siempre. La única actitud que han de tomar es la de estar al servicio de la voluntad de Dios; de entregarse a ella; de estar disponible, de ser dócil a esa voluntad: «Yo soy la esclava del Señor».

Servir, en el sentido de cuidar, de estar atento al más mínimo deseo. Cuando se quiere a alguien eso es lo que se hace. Se le mira y se desvive uno para complacerle en todo.

Servir estando unido a alguien; amándolo; haciendo todo lo que nos dice. *«Haced lo que Él os diga»*.

« Aquí está la esclava del Señor»

Que nos guste repetir estas palabras. Decirlas y repetirlas en familia, en la oración del Angelus con nuestros hijos, tres veces al día, antes de las comidas, para marcar así nuestras jornadas.

Nuestras casas se convertirán en Casas de Oración, Casas de Adoración; casas «humildes, discretas e insignificantes». ¡Casas de María!

El misterio de la Anunciación es el misterio del amor de Dios por un alma en adoración. El alma de María es esa alma de adoración que se nos da como ejemplo. Casi dos mil años después de su venida a la tierra, Jesús espera. Espera que haya almas de adoración en sus casas.

- Almas a la espera de su Dios, como el lago está en espera continua del manantial que lo llena.
- Almas que, como María y después de ella, se dejen llenar del amor de su Dios, para atraerlo y derramarlo por toda la tierra.

Oremos con María para que nos enseñe a entrar en el silencio, para que nos lleve a descubrir el sitio secreto de nuestra alma donde Jesús vivo reina y nos invita continuamente a volvernos hacia nuestro Padre del cielo, ese Padre lleno de ternura que nos abre sus brazos constantemente para que nos arrojemos a ellos.

Oremos para **desear** por encima de todo y **querer** cada día encontrarnos con el amor de nuestro Dios, en ese tiempo de silencio y de intimidad que pertenece sólo a Él.

LA VISITACIÓN

La espiritualidad del pan cotidiano.

«El Poderoso ha hecho cosas grandes en mí» proclama María.

Y el alma de Isabel está al unísono.

Y el alma del pequeño Juan Bautista, en el seno de su madre, está al unísono.

Encuentro maravilloso el de estas dos mujeres en espera; en la esperanza del alumbramiento. Cada una va a dar a luz un hijo. Con este nacimiento, ellas darán a luz el mundo de los creyentes.

¿Qué hacía María al ir a ver a su prima? María cumplía un servicio. Cumplía con su deber de parienta. Éste es un hecho que entre otros nos relata el Evangelio.

Pero a través de este gesto sencillo del servicio prestado, a través de la labor de cada día, humildemente vivida, Dios se manifiesta y hace grandes cosas.

¡Todo es tan sencillo en este relato! María parte presurosa, Isabel recibe a María en la puerta de su casa. Escenas de la vida diaria que conocemos bien, ya que las hemos vivido parecidas.

Pero Dios está manos a la obra, pues el alma de María y la de Isabel están rebosantes de fe, de esperanza y de amor.

Fe - Esperanza - Amor.

Tres árboles de vida.

Tres árboles plantados por Dios en el nuevo jardín de nuestra alma de bautizado y que se oponen a las tres raíces del Mal. Tres árboles espléndidos en el alma de María.

El jardín de nuestra alma no se puede quedar sin cultivar. No sólo hay que dejar que crezcan en él los tres árboles de vida, sino que, además, hay que ayudarles a que se fortifiquen, a que crezcan, y a que se desarrollen bien. Necesitan todo el espacio. Sólo crecen si cada día se riegan con la oración con María y con la adoración a nuestro Dios.

Entonces se cubrirán de inmaculadas flores blancas, que, revoloteando, irán a fertilizar la tierra en todo su entorno.

Así pues, en la oración con María tenemos que reencontrar estas tres virtudes: la fe, la esperanza y el amor, y vivir de ellas. Que en los hogares de oración nos guste repetir los actos de fe, de esperanza y de amor.

María e Isabel forman parte de ese pequeño grupo de creyentes que permaneciendo en la fe, la esperanza y el amor esperan que Dios se manifieste; que venga hasta ellos.

Su fe es tan grande que atrae a Dios a la tierra.

Isabel esperó toda su vida este niño: representa la humanidad estéril por sí misma, que sólo puede ser fecunda por la voluntad de Dios.

Isabel representa también todo ese pueblo innumerable que, antes de la venida del Mesías a la tierra, espera en el sufrimiento a que Dios se manifieste.

Espera hecha de un largo sufrimiento, en la austeridad de la fe; pero hecha de esperanza, una esperanza fuerte y alegre como una pequeña llama que siempre brilla e ilumina, en medio de las tinieblas de la fe.

Y llega María.
María trae la respuesta a esta larga espera.
Al término de la fe y de la esperanza, María trae el amor.

En la visitación, María lleva en ella la plenitud del amor, puesto que lleva en ella el fruto del amor del Padre: Jesús, el Verbo, el Hijo del Padre.

¿Sabían estas dos mujeres, María e Isabel, que a través de su encuentro tan sencillo y tan humilde la faz de la tierra iba a cambiar? Juan el Bautista será el que prepare los caminos del Señor; Jesús renovará la faz de la tierra.

María e Isabel se contentaban con cumplir los gestos sencillos y humildes de la vida de cada día, de hecho no gran cosa. Sólo Dios podía realizar cosas tan grandes:
«¡Cuán grandes son tus obras, Señor! ¡Las haces todas con sabiduría!»

Los hechos se nos presentan a nosotros de la misma manera. Tenemos pequeñas cosas que hacer, sencillas y humildes, pero Dios obra a través de estos hechos cotidianos. ¡Dios transforma estas cosas pequeñas en obra de salvación! Las *transfigura*.

Dios actúa sin cesar, transformando, transfigurando las pequeñas cosas humanas de cada día, en cosas grandes, divinas.

Éste es el camino que se nos propone a nosotros, a los laicos que vivimos en el mundo: camino sencillo, humilde y muy concreto, camino hecho de tareas a realizar, del deber de estado y de los acontecimientos de nuestra vida diaria, lo que constituye «nuestro pan de cada día».

Roguemos a María para que nos ayude a no caer en sueños estériles o a imaginarnos condiciones de vida ideales, que no existen. Sino que nos dé la valentía de agarrar con fuerza ese «pan nuestro de cada día» que se nos presenta; de vivir de él, sabiendo que viene de Dios y que está transfigurado por Dios mismo, si lo ofrecemos con alegría y con amor.

Vida de ofrenda que corresponde a nuestra vocación de bautizados.

Camino rudo y estrecho en lo que concierne al desprendimiento y a la abnegación. Pero camino que nos lleva en la alegría a la superación de nosotros mismos. Pues vivimos entonces en dimensiones infinitas, que son las de Dios; dimensiones que nos unen a nuestros hermanos del mundo entero.

Gestos sencillos; palabras sencillas, pero que no quedan encerrados en los límites estrechos y perecederos de lo humano.

Gestos sencillos y humildes que alcanzan una dimensión infinita, porque, al estar realizados en el amor de Dios, llegarán a todos nuestros hermanos los hombres que en las tinieblas esperan sin saberlo:

– la fuerza de la fe,
– la luz de la esperanza.
– la alegría del amor.

EL NACIMIENTO

La alegría de la adoración

¡Nos ha nacido un Salvador!

¡Un Hijo nos ha sido dado!

¡Qué pura y despojada fue la alegría de María y José en esa noche de Navidad!

Pensemos en ello cuando sabemos que la Navidad se celebra con demasiada abundancia. Así podremos unirnos, en la pobreza interior y en la renunciación, a la alegría verdadera de María y de José.

Pensemos en ello también cuando, en medio de los ruidos del mundo y de los festejos, nuestro corazón, roto por la tristeza, esté de luto y en lágrimas.

Así sabremos estar más sonrientes, a pesar de todo lo que nos pueda pasar en medio de nuestros hermanos, para no empañar su alegría. Pero sepamos que nosotros también estamos en el camino de esa alegría verdadera y única que Dios ha querido mantener intacta y pura para rodear el nacimiento del Niño.

Entonces, ¿cuál fue ese verdadero gozo de María y José? Fue la alegría de la adoración. Viendo al Niño, María y José entraron en adoración.

Cayeron de rodillas en el gran silencio de la noche, en la gran pobreza del pesebre, en el gran abandono a la voluntad de Dios.

Entraron en adoración en el lugar donde estaban: en esa humilde gruta de Belén. Asimismo, seguirán adorando María y José al Niño en su casa de Nazaret.

Ellos son el modelo de las Casas de Adoración; son el modelo de toda familia cristiana que no puede vivir mas que acogiendo a Jesús en su casa y viviendo de su presencia.

La adoración empieza en casa; en donde vivimos; en donde nos queremos.

Por eso hacen falta «iglesias domésticas» para que viva la Iglesia de Cristo; hacen falta almas-iglesia para construir las iglesias domésticas.

Alma-iglesia, es decir, alma que acoja en ella la presencia viva de Jesús exactamente como María la acogió.
Alma que vive de esa presencia vive ahí donde está, en su casa.

María y José no guardaron para ellos la alegría de la adoración. La abrieron a los demás.

La gruta de Belén no tenía puertas. Estaba abierta a todos sin excepción; por eso los más pobres pudieron venir enseguida, porque estaban más cerca. Su pobreza les había llevado, sin saberlo ellos, muy cerca del lugar del nacimiento. Y allí les fue anunciado por la alegría del cielo.

La alegría del cielo era tan grande esa noche de Navidad que se derramó sobre la tierra de forma perceptible. Los pastores oyeron el canto de los ángeles. ¡Ese canto era un canto de gloria!

¡Gloria a Dios!

¡No nos olvidemos jamás de contemplar la gloria! ¡La gloria de Dios! Hasta en las noches más oscuras y más frías; hasta en las grutas más despojadas.

Cuando en la tierra ocurre un acontecimiento gozoso; cuando Jesús-Niño viene a habitar en una casa, aunque ésta sea una gruta muy pobre, y cuando estando en adoración las almas orantes lo aman y lo contemplan, todo el cielo se alegra y canta.

El cielo se inclina hacia la tierra continuamente, sobre todo durante nuestras oraciones familiares, durante nuestras liturgias y nuestras misas, y los ángeles del cielo cantan *gloria a Dios*, invitándonos a lanzar ese mismo grito de alegría.

Los pobres pastores oyeron cantar la gloria de Dios y, atraídos por una llamada misteriosa, se dirigieron hacia la gruta.

«Te bendigo, Padre,
porque has revelado estas cosas
a los pequeños y a los humildes.»

Entonces los pequeños y los humildes se presentan a la entrada de la gruta. Pero ahí, dudan un instante. No han pensado en su pobreza ni en su miseria. Pero, viendo al Niño inmaculado puesto en el pesebre, ven claramente su propia pobreza. Se sienten indignos. No pueden avanzar más cerca. Sin embargo, ¡cuánto desean entrar!

Y he aquí que en su incertidumbre se vuelven hacia María que está de pie a la entrada de la gruta. Se ha acercado hasta ahí, silenciosamente, para acogerlos como una perfecta ama de casa y, mucho más que eso, como una madre que espera a sus hijos. Tiende la mano, coge las suyas y los lleva con dulzura al pesebre, ante el Niño. Los mira sonriente. Hay tanta ternura en su gesto de acogida que los pastores ya no piensan más en su pobreza. María se ha encargado de hacer desaparecer su confusión. Y a su lado, tranquilizados y protegidos, sólo ven ya al Niño. Y, cayendo de rodillas, lo adoran.

Entran en adoración. Lo único que les importa es el Niño inmaculado, y su alma vuela hacia él, en él, para adorarlo, contemplarlo hasta desaparecer en él, para ser sólo uno en él, para estar unidos a él.

¡La unión del alma con Jesús vivo! Tal es el fin, el destino de toda alma. Y esa unión no está reservada para la vida del cielo, ya se nos ofrece aquí abajo, durante nuestra vida terrestre. Y así es como ya conocemos el Reino; formamos parte desde esta tierra del Reino de Dios.

Nos enseña así María que la oración es una acogida: de Dios y de los demás.

La oración no nos encierra; es abrirse: abrirse a Dios, abrirse a los demás.

María contempló de pie junto al pesebre, como más tarde lo haría de pie junto a la cruz. En su adoración ella no se retiraba del mundo: le hacía frente. Estaba totalmente vuelta hacia los hijos de los hombres, dispuesta a acogerlos para llevarlos al Hombre-Dios.

Oremos a María para que estemos en adoración, dispuestos siempre a ir de visitación.

Oración-adoración y *oración-visitación* están íntimamente unidas. Es el gran mensaje de la noche de Navidad. Es el modelo propuesto a las almas de adoración que viven en el mundo, a los laicos consagrados que el Señor reúne en una Asociación, en el mundo, para consagrar el mundo.

LA PRESENTACION DE JESÚS

La ofrenda, vocación del bautizado.

Jesús no sólo es Pan de Vida. Es el que presenta al Padre. Presentación perpetua e incesante que prepara y prolonga el santo sacrificio de la Misa y que envuelve al Pan de Vida.

«Preséntame, ¡preséntame al Padre!»

Tales son los «gemidos inefables» que el Espíritu Santo hace oír al alma en oración de adoración: alma llena del amor de Jesús-Hostia y que se eleva en oración de adoración hacia el Padre.

Grito ardiente, potente y suplicante del Espíritu Santo que no cesa de reunir al Padre y al Hijo, el uno en el otro. El Padre ha entregado a su Hijo y espera su retorno. El Hijo se ha entregado a los hombres y tiene que volver al Padre. Hay una atracción irresistible del Padre hacia el Hijo y del Hijo hacia el Padre, y el Espíritu Santo alojado en un alma la arrastra en esta atracción.

Presentar a Jesús al Padre, como María lo presentó, es participar en el amor trinitario. María es el modelo perfecto de aquella que supo presentar a Jesús al Padre.

Cuando queremos ofrecer un regalo, no lo hacemos de cualquier manera. No lo tiramos sin saber adonde; no lo dejamos sin enseñarlo. Lo presentamos sobre nuestras manos tendidas, ofreciéndolo; lo enseñamos, lo levantamos y se lo entregamos con cuidado a la persona amada.

Eso es lo que hizo María. Ella es el modelo de nuestra vida de laicos. Hemos de hacer como María en la adoración, para que nos lleve a la ofrenda.

Preséntame al Padre, como María me presentó.
Eleva tu alma en oración, como una madre lleva y levanta a su niño en sus brazos.
El alma en oración de adoración me lleva y me eleva hacia Padre.
Necesito un alma en oración de adoración para esta elevación, esta presentación al Padre.
Yo no puedo presentarme a mí mismo en la Eucaristía, de la misma manera que el niño recién nacido no puede presentarse a sí mismo.
El recién nacido necesita una madre que lo lleve, que lo eleve en sus brazos para presentarlo a los demás, porque no puede presentarse por sí mismo. Lo mismo pasa conmigo, Persona viva, en la Eucaristía.
Me he hecho tan débil y tan frágil que no me puedo presentar por mí mismo al Padre.
Necesito almas de adoración
para llevarme,
para elevarme,
para presentarme al Padre.
Este es el sentido de llevarme.
Es una presentación incesante y perpetua hecha al Padre por el alma de adoración en la que yo reposo, como un recién nacido reposa en los brazos de su madre.
Para ser por fin amado en mi Eucaristía necesito esas almas de adoración en las que pueda descansar. Pero no descansar para encerrarme; descansar para ser llevado, para ser presentado a Dios, mi Padre.
Dios, mi Padre, espera esto de los hombres.
Ha entregado a su único Hijo a los hombres.
Espera de los hombres que le hagan la ofrenda de este Hijo hecho Eucaristía.

Así, nuestro «trabajo» incesante en la adoración debe ser de devolver a Jesús-Hostia al Padre, porque es su mayor deseo, en el amor trinitario.

Llevar a Jesús
como María lo llevó;
ofrecerlo,
presentarlo al Padre,

para que se cumpla plenamente la misión del Padre y del Hijo, por el Espíritu.

La voluntad del Padre se cumplirá, se realizará, sólo cuando el Hijo, en la Eucaristía, retorne plenamente al Padre, en la luz del Espíritu.

El amor de adoración nos lleva infaliblemente a la ofrenda. Adoración y ofrenda están unidas.

Cuando María y José presentaron a Jesús en el Templo, su gesto de ofrecimiento fue a la vez un gesto de adoración; y ese gesto de ofrecimiento había sido preparado en la adoración.

El don que hicieron María y José de Jesús en la presentación fue perfecto, porque Jesús es el único don perfecto. A ese don perfecto correspondió un sacrificio perfecto: el sacrificio de Jesús en la cruz.

No hay don sin sacrificio. Cuando María presentó a Jesús en el Templo, ofreciéndolo a su Padre, pasó ella misma por el sacrificio. Supo que no hay don sin sacrificio. Ofrecía un don perfecto y ya tenía conocimiento del sacrificio perfecto: **Jesús**, que se iba a ofrecer en Pan de Vida.

Para ella, María, ello significaría el dolor infinito de la espada. Fue y sigue siendo el sacrificio de María.

También nosotros, si nos introducimos en la vida de adoración, no la conoceremos sin conocer el sacrificio. Sacrificio ofrecido que es **ofrenda**.

La adoración nos lleva siempre a la ofrenda. Y donde está la Eucaristía está siempre el sacrificio, está siempre la ofrenda. Nosotros, a quien se nos arroja en el amor trinitario cuando adoramos la Eucaristía, estamos también enraizados en el sacrificio, porque el amor trinitario arde sin cesar en la Eucaristía: el Padre se da al Hijo, el Hijo se da al Padre en el amor incesante de su Espíritu común, y a través de un sacrificio perfecto. Por eso, una verdadera vida de adoración implica siempre sacrificio, es decir, el don siempre creciente de todo nuestro ser a Dios y a nuestros hermanos. Este es un camino de sufrimiento, pero de sufrimiento ofrecido en el amor de adoración: eso es la ofrenda.

El sufrimiento encuentra todo su sentido y toda su dimensión en esa ofrenda unida a la ofrenda perfecta de Jesús a su Padre. La vida de ofrenda es la vocación a la que estamos llamados nosotros, los bautizados. Nuestra vocación de bautizados es una vocación de ofrenda.

«Ofreced vuestra persona y vuestra vida en sacrificio santo, capaz de agradar a Dios: en eso consiste para vosotros la verdadera adoración.» (Rm 12,1).

La adoración a la Eucaristía, al introducirnos poco a poco en el sacrificio, nos introduce al mismo tiempo en el sacrificio eucarístico: el santo sacrificio de la Misa. Y nos hace entrar más plenamente en él, lo prepara y lo prolonga. Cuando adoramos la Eucaristía, preparamos y perpetuamos la consagración del pan y del vino sobre el altar.

Nuestra consagración bautismal nos lleva, a través de la adoración a la Eucaristía, a la consagración plena y entera de todo nuestro ser a la Persona viva de Cristo, ofrecida en sacrificio perfecto a su Padre sobre el altar. Por eso, la misa es la cima y el centro de nuestra vida.

Tenemos que rogar a la santísima Virgen María, que presenta al Niño Jesús a su Padre en una actitud del alma donde **adoración** y **ofrenda** están íntimamente unidas, que comprendamos mejor nuestra vocación de bautizados.

Que María nos introduzca cada vez más plenamente en la adoración y en la ofrenda.

Que María nos lleve de nuestra consagración bautismal a la **consagración de todo nuestro ser** a la Persona viva de Cristo. Que ella nos ayude a vivir cada vez más plenamente esta llamada de Jesús a los laicos que viven en el medio del mundo.

«Rezarme - adorarme - llevarme».

Llevemos a Jesús-Niño en nuestros brazos y en nuestro corazón como lo llevó María, y presentémoslo al Padre.

JESÚS PERDIDO Y HALLADO

La elección de Dios.
El misterio de la separación.

Jesús era muy joven. Según el Evangelio, se cree que tendría unos doce años. Fue a Jerusalén con sus padres. Y cuando sus padres se marcharon de allí, Jesús se quedó en la casa de Dios, la casa de su Padre del cielo. Esa casa se llamaba en aquella época y en aquel país: el Templo. Pero el mismo Jesús, al expulsar a los mercaderes del Templo, años más tarde, diría: «Es la casa de mi Padre», y «la casa de mi Padre es casa de oración...»

Así pues, Jesús, a la edad de doce años, fue con sus padres a la casa de su Padre en Jerusalén. Y en vez de regresar con sus padres, se quedó tres días. Durante todo ese tiempo María y José buscaron a Jesús. Lo buscaron en el sufrimiento. Lo buscaron en el dolor.

¿Por qué se quedó Jesús en la casa de su Padre, dejando a sus padres en una angustia extrema? No fue porque no amara a sus padres, María y José. No fue porque le fueran indiferentes o los hubiera olvidado. Todavía menos por desobediencia, por deseo de independencia o por espíritu de rebeldía. Jesús se quedó en el Templo porque hizo la elección de su Padre, del Padre del cielo.

En el principio de su vida, Jesús quería dejar clara su elección de Dios.

Así, Jesús vivo viene a nosotros y nos pide que cada uno, en nuestras vidas, hagamos la misma elección. Importa poco a la edad que nos lo pida. Ése es su secreto; pero puede ser desde muy joven. Desde que somos niños tenemos que hacer esa elección de

Dios. Puede que tengamos que hacerla de una manera determinante. Todo cristiano, todo bautizado tiene que optar. Pero ante todo y sobre todo, en cada una de nuestras vidas está esa elección de poner a Dios lo primero de todo. No hay vida cristiana en el curso de la cual el Señor no venga a pedirnos que le elijamos a Él.

Elegir a Dios.

Querer a Dios.

Desear que nuestro Padre del cielo ocupe el primer lugar, y todo el resto derivará de esta elección.

El lema de santa Juana de Arco fue: «Dios, servido el primero». Elegir a Dios de inmediato y al mismo tiempo ponerse a su servicio. Servir a Dios es hacer su voluntad; estar al servicio de la voluntad de Dios.

Por eso, Jesús, al permanecer en el Templo hace la elección de su Padre y se pone a su servicio, al servicio de la voluntad de su Padre del cielo.

Cuando María y José encontraron a Jesús en el Templo, lo encontraron en efecto enseñando y hablando de su Padre del cielo.

Jesús se había puesto al servicio de su Padre, por medio de la palabra.

Hablaba Él, el Verbo de Dios.

El **Verbo**, es decir, la **Palabra**.

El Verbo hecho carne realizaba aquello para lo que había sido enviado: ser la Palabra del Padre para los hombres.

«¿No sabíais que debo ocuparme de las cosas de mi Padre?»

...Es decir, al servicio de mi Padre. Y Jesús estaba cumpliendo ya ese servicio por la palabra.

Cuando Jesús dice esto a sus padres, explica claramente de qué servicio se trata: del servicio de la palabra. Pero mucho más todavía, da a conocer al mismo tiempo quien es él: **él es Palabra viva**.

Él es el **Verbo** de Dios.
Él es el que **manifiesta** Dios.
Y sólo el mismo Dios puede manifestar a Dios.

Jesús no sólo es un portavoz. Él mismo es Palabra de Dios. Es palabra viva, Verbo de Dios y Dios mismo.

No habla «en nombre de Dios». Habla en calidad de Dios mismo.

Por eso está entera y plenamente al servicio de Dios, en los asuntos del Padre. Cumple la voluntad de su Padre.

María y José no comprendieron. El Evangelio nos lo dice: *«Ellos no comprendieron»*.

Y María le dice: «Hijo, tu padre y yo te estábamos buscando». Ni siquiera es un reproche; es más bien un grito de sufrimiento.

¡Cuántas veces en nuestras vidas hay esos gritos de sufrimiento que no son reproches! Y, ¡en cuántas ocasiones los hemos oído! Sólo en la oración podremos descubrir el sufrimiento y olvidar el reproche.

«Ellos no comprendieron». Pero María «guardaba todas estas cosas en su corazón». Y María comprendió poco a poco, a lo largo de su vida, por qué Jesús se había quedado en el Templo y cómo había señalado, con ello, el comienzo de su misión.

Sin embargo, después de tanta angustia y sufrimiento, después también de tanta alegría por el reencuentro, Jesús vuelve con sus padres, y «les estaba sometido». El Evangelio subraya esta obediencia de Jesús, y esto debe de llamar la atención tanto a los padres como a los hijos.

El niño no se había rebelado contra sus padres. Tampoco quiso darles una lección, sino que les llevó a comprender que su Padre era el Padre del cielo, que cumplía la elección de Dios, y que lo que contaría a partir de ese momento en su vida sería primeramente y ante todo la voluntad de su Padre.

Jesús quiso ser obediente y permanecer en la obediencia hacia sus padres. «Les estaba sometido»; con un sometimiento sin coacción, todo él impregnado de amor. Así vuelve Jesús a la casa de Nazaret. Vuelve a su vida ordinaria. Vivió como todo el mundo en esa humilde casa, en ese pobre pueblo y eso duró mucho tiempo: treinta años. Jesús fue obediente a sus padres, María y José, pero había elegido la voluntad de su Padre, y eso fue lo que marcó toda su vida. Es exactamente lo mismo que debe marcar toda nuestra vida, en cada una de las casas de adoración.

Vivir en nuestras casas sencillas y humildes, que deben ser otras casas de Nazaret, y llevar nuestra vida ordinaria de laicos en el mundo, habiendo primeramente elegido a Dios.

El Señor quiere que hagamos esa misma elección de Dios en las casas de adoración, para constituir una orden de laicos en el mundo: la *Asociación de Laicos Consagrados.* Tenemos que hacer esa elección antes, en lo secreto de nuestro corazón, en el secreto de la oración, para que esa decisión lleve y oriente toda nuestra vida. Esto es todo el sentido de la «consagración definitiva a la persona viva de Cristo». Es la afirmación solemne de la «elección prioritaria de Dios», de los «asuntos del Padre», para luego volver a la vida oculta en nuestras casas.

Saber guardar todas esas cosas en nuestro corazón, como lo hizo María. Guardar en lo más profundo de nuestros corazones todo lo que nos sobrepasa, todo lo que no comprendemos. Hacer de ello el objeto de nuestra oración y de nuestra ofrenda y dejar que Dios nos ilumine como quiera y cuando quiera. Eso requiere una gran fortaleza de alma. Esa fortaleza de alma está hecha de una fe sólida, de una esperanza alegre, de un amor ardiente. Estas tres virtudes nos llevarán a la confianza y hasta el abandono a la voluntad de Dios.

Guardar todas esas cosas en el corazón, estando seguros de que es el Señor quien conduce nuestra vida y la de los que amamos. Dejar que nos guíe, día tras día, según sus designios y no según los nuestros.

Jesús, perdido y hallado, enséñanos a buscarte incansablemente; enséñanos a no buscar más que la voluntad de nuestro Padre del cielo en una total confianza, en un total abandono. Ayúdanos a cumplir esa voluntad. Que sepamos, como María, guardar a la vez en lo más profundo de nuestro corazón angustias, sufrimientos y alegrías, todas las cosas que forman ese camino hecho de la voluntad de Dios y que lleva a Jerusalén.

La elección de Dios nos lleva siempre al misterio de la separación. Ese misterio de separación se encuentra también en el camino que va de Nazaret a Jerusalén. Es el camino que recorrió Jesús, y es el camino que recorrieron María y José.

Jesús partió solo, en ese camino que lleva a Jerusalén, como habría de partir solo para cargar con su cruz. Nadie en el mundo podía recorrer el camino en su lugar. De ese modo, los que quieren seguir a Jesús tendrán, de una manera o de otra, que recorrer el camino solos.

Esta soledad para Dios es nuestra separación del mundo, aunque vivamos en él. Hay un apartarse para Dios; un apartarse que nos hace sentirnos solos en ese camino de discípulos de Cristo:

«El que quiera ser mi discípulo,
que renuncie a sí mismo
que tome su cruz y que me siga.»

Ese apartarse para Dios implica un profundo sufrimiento. Es un sufrimiento de separación del mundo. Y todavía más: de todos aquellos a quienes más queremos. Exactamente de la misma manera que hubo un misterio de separación entre Jesús y sus padres, María y José.

Cuando Dios nos atrae en su amor y nos llama a seguirle, nos pide todo para Él. Nos pide la prueba del amor más grande : el desprendimiento de los seres más queridos, aun cuando «durante treinta años» tengamos que permanecer sumisos en una casa humilde y pobre. Para conseguir así desprendernos de nosotros mismos, sin esperar nada para nosotros. Desear tan sólo recorrer el camino que lleva a la voluntad de Dios :

***«Aquí me tienes, Padre,
para hacer tu voluntad».***

LOS MISTERIOS DOLOROSOS

1. **La agonía de Jesús**
2. **La flagelación**
3. **La coronación de espinas**
4. **Jesús carga con su Cruz**
5. **Jesús vivo en la Cruz**

Veía su rostro en el Santísimo Sacramento expuesto. El rostro doloroso de Jesús coronado de espinas, de Jesús crucificado, se mostraba a mí a través de la hostia. Ya no era la hostia lo que veía, sino a Él, y eso de manera muy evidente.

Desde hace algún tiempo, la hostia expuesta a mi mirada me permite verlo, y es una gracia tan grande que creo a veces desfallecer, hasta perder la vida. Pero Él me conserva en vida para que pueda clamar y proclamar su presencia y decir cuánto Él, que vive, desea vivir ahí, en medio de nosotros, en nuestra vida tan sencilla de todos los días. Desea formar parte de todas nuestras ocupaciones. Querría que se las confiáramos todas.

Después de haberlo amado y contemplado en la hostia, vi, todo alrededor de su rostro, unas perlas preciosas: eran inmaculadamente blancas. Formaban una aureola en torno a su rostro, y al mismo tiempo en torno a la hostia. De cada perla inmaculada se escaparon unos rayos de luz que formaron una custodia espléndida a su alrededor. Los rayos de luz se precipitaron sobre mí y vinieron a quemar mi alma, que conoció entonces una alegría inefable.

«Vengo a iluminar tu alma», me dijo.

Era verdad. Mi alma estaba inundada de luz. Mi alma estaba enlazada con su alma a través de los rayos de luz.

Como meditaba los misterios dolorosos, ese viernes, pasando más tiempo que otros días en su presencia, me llevó al amor de su sangre.

Me pidió (interiormente, sin palabras) que contemplara su preciosa sangre a la luz de los misterios dolorosos. Y Él mismo me llevó a la contemplación de esos misterios. Me dejé hacer, abandonándome totalmente a su voluntad, para poder percibir sin poner ningún obstáculo lo que quería hacerme comprender. Deseaba con todas mis fuerzas entrar en el amor de su preciosa sangre. Sabía, sin embargo, que iba a llevarme al sufrimiento.

LA AGONÍA DE JESÚS

Durante mi agonía, un sudor de sangre se escapó de mi frente. No fue casualidad que derramara así mi sangre desde el principio de mi Pasión. Nada es indiferente al corazón de Dios, nada se le escapa. Se ocupa de todo.

Desde el principio de mi Pasión quise ofrecer mi sangre al mismo tiempo que mi cuerpo. Ofrecía mi vida a mi Padre para salvar a todos los hombres. Ofrecer mi vida era dar mi cuerpo y mi sangre. Ese don de mi sangre lo quise mostrar a los hombres desde mi agonía. Era importantísimo para la salvación de toda la humanidad, pero quedó muy desconocido.

«Quisiera que amaras
mi preciosa sangre
derramada durante mi agonía»

Vi entonces cada gota caer de su frente. Cada gota resplandecía como una perla preciosa y caía lentamente, dolorosamente, sobre la piedra donde descansaba su cabeza.

Su amor era tan grande que aceptaba regar con su sangre la piedra sobre la que se apoyaba para orar. Con el paso del tiempo, su sangre también regaría muchos corazones duros como la piedra, fríos, helados, indiferentes a su amor.

A pesar de todo, quería amar esos corazones de piedra. Quería, bañándolos con su sangre, que esa sangre inestimable *se infiltrara* poco a poco, como el agua de un manantial inagotable que, cayendo infatigablemente sobre la roca, acaba por agrietarla y por infiltrarse en ella.

Así, la paciencia infinita del Corazón de Jesús acabará, de esa manera, por agrietar los corazones de piedra.

Su preciosa sangre se infiltrará en los corazones de piedra. Se convertirán en corazones vivos, corazones de oración, corazones que aman.

Oremos para que los corazones de piedra se vuelvan corazones de oración por su sangre derramada en la agonía.

LA FLAGELACIÓN

Las palabras del Jueves Santo toman un significado impresionante.

Jesús no entregó su cuerpo y derramó su sangre simbólicamente. Fue una realidad. Y, desde ese momento de la flagelación, sigue siendo una realidad.

Cuerpo entregado ; sangre derramada, como prometió el Jueves Santo.

Su cuerpo entero llora lágrimas de sangre.

Suplicio inútil y ofensivo.

Desperdicio odioso.

Su cuerpo se quebranta, como se quebrantará en la cruz.

Su sangre brota y se derrama sobre nosotros. Jesús es el que da en sobreabundancia.

Su sangre derramada durante la flagelación nos es dada en sobreabundancia.

«Soy el gran quebrantado por amor»

La ruptura es el signo del amor, de la nueva vida. No hay vida nueva sin ruptura, como un capullo se rompe al abrirse.

El cuerpo de Jesús se rompe para dar vida a toda la humanidad, a la que dará de comer y de beber.

Somos de la misma sangre que Jesús, nosotros los bautizados, los que nos alimentamos de su Eucaristía.

A través de este misterio de la flagelación, tenemos que rezar por esas gracias perdidas, desperdiciadas, inutilizadas.

Rezar para que esas gracias perdidas se aprovechen, por la intercesión de nuestra oración y ofrenda, para la salvación de todas las almas en peligro de perderse.

Rezar para que se apliquen esos sufrimientos inútiles y sobreabundantes de la flagelación de Jesús a las almas endurecidas, indiferentes, y sobre todo a aquellas que se desvían y que, peor todavía, rechazan a sabiendas y deliberadamente los méritos y las gracias derramadas con profusión y sobreabundancia durante la flagelación.

LA CORONACIÓN DE ESPINAS

Este misterio es un misterio para nuestra época, porque la humanidad ha vuelto a poner sobre la cabeza de Jesús «una corona de espinas».

***«Mira, han puesto sobre mi cabeza
una corona de espinas».***

El más terrible de los suplicios.

Tormento, sobre todo, que hace caer a Jesús en la mayor aflicción a causa de todas las almas que se pierden por orgullo.

Se ataca las inteligencias ; se las disminuye ; se las aniquila.

Hay innumerables mártires, que sin derramar su sangre sufren la coronación de espinas, porque se les machaca su inteligencia.

Las invenciones terribles que consisten en anular la inteligencia del hombre no tienen igual en cuanto a la supresión de la dignidad humana.

***«Fui humillado para toda la humanidad,
pero especialmente para los hombres de este tiempo
a quienes se martiriza en su inteligencia
y en su voluntad».***

Tenemos que rezar para que el hombre recobre su dignidad, al mismo tiempo que la *realeza del Hombre-Dios.*

JESÚS CARGA CON SU CRUZ

María, mi Madre, fue la primera contemplativa. Hubo grandes profetas en el Antiguo Testamento, pero María fue la primera que contempló de verdad y en realidad, mi cuerpo y mi sangre.

Cuando, cargando con mi cruz, avanzaba por el camino, cuando en aquel instante único levanté mi rostro doloroso hacia María, ella me miró, no para compadecerse de ella misma o de mí; me miró con esa mirada única del amor que entra **en adoración**.

Adoró mi cuerpo y mi sangre.
Adoró mi santo rostro.
Adoró la sangre chorreando de mi rostro.
Contempló mi santo rostro sobre la que pudo leer «todo el camino de los sufrimientos de mi Pasión».

María, mi Madre, entró en *compasión* perfecta, uniendo totalmente su dolor al mío.

Lo que me importa es que vosotros unáis vuestro sufrimiento al mío, para no ofrecer más que mi sufrimiento infinito; para que améis solamente mi sufrimiento perfecto.

Arrojad sobre mí todos vuestros sufrimientos.

Arrojad sobre mí el sufrimiento concentrado de toda la humanidad.

Volveos enteramente hacia mi santo rostro, como lo hizo María, y yo os reconfortaré.

Por vuestro ofrecimiento, que se transformará en el mío, podré salvar a la humanidad.

Oremos para que María nos enseñe a salir totalmente de nosotros mismos, y poder así entrar, a la perfección, en el sufrimiento de Jesús, que es el único sufrimiento digno de ser ofrecido al Padre para la salvación de las almas.

«Muchos sufren, pero son pocas las almas que quieren entrar en mi sufrimiento».

Este lamento de Jesús coronado de espinas es una llamada a entrar en adoración,
en contemplación,
en la compasión
de su divino Corazón y de su santo rostro, sobre el que resplandece su preciosa Sangre.

JESÚS VIVO EN LA CRUZ

Quisiera que aprendierais a contemplarme cuando estoy vivo en la cruz.
No fue casualidad que escogiera ese suplicio. Quise yo mismo dar *en vida* cada gota de mi sangre.

> ***«Mi vida, no me la quita nadie,***
> ***soy yo quien la entrego».***

Así, yo di mi sangre, hasta la última gota, cuando *todavía seguía vivo*. Había todavía suficiente vida en mí para poder dar y ofrecer cada gota de mi sangre, en pleno conocimiento y en plena conciencia.
Nunca sabréis realmente cuánto amé a cada uno de vosotros en esos momentos, y hasta qué punto. Mi amor no tenía límites. Mi amor era infinito como el espacio infinito del cielo que os podrá contener a todos.

Oremos para que cada gota de sangre, que cae como una perla preciosa en cada corazón, sea recogida con un amor infinito por esos corazones de hombres que Jesús quiere salvar.

Recojamos en nuestra oración las perlas preciosas que se perderían, para distribuirlas a todos los que las necesiten.

El amor por la sangre de Jesús no es un amor que excite sensibilidades enfermizas o imaginaciones morbosas. El amor por su sangre es un amor resplandeciente de hermosura, resplandeciente de compasión. El amor de la preciosa sangre nos introduce en la compasión del Corazón doloroso de Jesús.

Nos compadecemos del don de su vida por nosotros, de sus penas, de sus dolores, y amamos, con él, a los pobres pecadores. Y con él queremos que se salven.

MISTERIOS GLORIOSOS

1. **La Resurrección**
   El deslumbramiento de María.
2. **La Ascensión**
   «Que se haga tu voluntad».
3. **Pentecostés**
   María y la Divina Familia.
4. **La Asunción**
   La premura de María.
5. **La coronación de María**
   Plenitud de vida.

Es un deseo de Jesús: que conozcamos más a María, su Madre, en los misterios gloriosos.

> ***Sé que descubres mucho a mi Madre en los misterios gozosos.***
> ***Quiero que la descubras en los misterios gloriosos***
> ***Mi Madre te llevará a mi gloria.***
> ***Es ella quien te dirá qué hacer para que vivas de mi presencia.***
> ***Ella es quien te lleva a mí.***
> ***Ella es, además, quien lleva de nuevo a la vida, especialmente a esa vida del alma a través del sacramento del perdón.***
> ***Ella es la que te conduce siempre más a mi gloria.***
> ***También es a ella a quien necesitas para vivir de mi presencia, para poner en práctica lo que has visto y oído.***
> ***Por eso quiero que conozcas a mi Madre en los misterios gloriosos.***

LA RESURRECCIÓN
El deslumbramiento de María.

Después de mi sepultura, María no permaneció en la desolación de un sufrimiento estéril ; no se encerró en esa soledad que abruma y que no es más que ensimismamiento. Ella había llegado a ese estado de gran *desprendimiento* hacia el que debe de tender continuamente cada uno de los que me aman.

María se encontraba en ese estado de desprendimiento perfecto en el que la criatura entera, cuerpo y alma, está vuelta hacia su Dios.

«María estaba como en la Anunciación.
Me esperaba.
Me deseaba con todo su ser,
en el silencio.
Cuando me vio, quedó deslumbrada».

La actitud de María, tanto en la Anunciación como en la Resurrección, es la única y la misma actitud del alma, que es *espera* de Dios: *deseo tan ardiente* de Dios, que en lo más oscuro de la noche del Calvario o de la noche del sepulcro hay tan sólo *esperanza.*

Esperanza hecha de amor tan potente que el ser entero se abandona en una confianza sin límite a la voluntad de su Dios.

María creía en las palabras que se le habían dicho. Vivía en la fe y en la esperanza. María creía que el amor de su Dios estaba siempre *vivo*, por encima de las apariencias de la muerte y del sepulcro. Ese amor fue tan poderoso que atrajo a Dios a la tierra.

Tanto en la Anunciación como en la Resurrección, Jesús vivo, Hijo de Dios e hijo de hombre, se nos da por María.

Por María que espera, en el silencio de la oración;
por María que espera, en el silencio de la adoración;
por María que desea, con todo su ser, encontrarse con su Dios;
por María, toda vuelta hacia su Dios;
por María, toda ella en Dios.

Entonces no hay ya distancia entre María y Aquel a quien espera.

Él es quien viene.
Está ahí.
María lo ve.
Queda deslumbrada.

Contemplando ese deslumbramiento de María en la Resurrección, pidamos que también nosotros, como María, seamos invadidos de ese deseo de convertirnos en

- almas de oración y de adoración;
- almas de silencio, en la espera de su Dios;
- almas de ofrenda, que atraviesan todas las noches más dolorosas del Calvario y del sepulcro sólo mirando hacia la Resurrección;
- almas fuertes y alegres como la esperanza, que atraen el amor de Dios a la tierra.

Jesús Resucitado necesita a esas almas para transformar su mundo en un mundo según desea su Corazón: un **mundo de amor**.

LA ASCENSIÓN

«Que se haga tu voluntad»

Jesús vivo estaba revestido de su túnica blanca. Estaba sobre una nube de luz. Con los brazos alzados y tendidos hacia el cielo: rezaba.

Rezaba y llamaba a su Padre del cielo.

A los pies de Jesús y alrededor de toda la nube de luz una innumerable multitud de gente se apiñaba. Estaban apretados, muy apretados y eran muchísimos. El gentío se extendía hasta perderse de vista.

Alzando los brazos al cielo, Jesús atraía toda esa multitud a Él. Los atraía hacia el cielo, porque quería llevarlos a su Padre. Pero era muy pesado y muy difícil

Su rostro, radiante de luz, reflejaba un sufrimiento inmenso. Dirigido hacia su Padre y ascendiendo hacia Él, Jesús imploraba por todos los hombres. Los **ofrecía** todos a su Padre.

Su voz, la voz del Verbo, intensa y majestuosa pero suplicante e implorante, llenaba el espacio eterno.

«Que se haga tu voluntad».

Elevándose hacia su Padre, en el momento de la Ascensión, Jesús podía en verdad decir estas palabras:

«Que se haga tu voluntad».

Jesús podía ascender hacia su Padre porque había realizado su voluntad en plenitud; a la perfección.

Contemplemos a Jesús en su Ascensión a los cielos y dejémonos penetrar en ese misterio estremecedor con los ojos y el corazón de María.

María asistió a esa Ascensión de Jesús a su Padre, pero no estaba allí como una espectadora que observa desde el exterior. Ella se unió al ofrecimiento de todos los hombres hecho por su Hijo al Padre.

María, en la Ascensión, vivió en plenitud el misterio de la Presentación. Ofreció su Hijo al Padre. Ofreció en Él a todos los hombres, a través de esa espada de dolor que es la separación: separación aparente, pero desgarradora, de la partida de su Hijo al Padre.

El Hijo, en el Padre, en el cielo.
La Madre, en el Padre y en el Hijo por el Espíritu, en la tierra. Cada uno tomando parte activa en la obra de salvación deseada por el Padre.

Unión extraordinaria, por esta Ascensión de Jesús al cielo,
- entre la tierra y el cielo:
- entre María en la tierra y el Padre en el cielo;
- entre María, madre de todos los hombres, y el Padre de todos los hombres;
- entre todos los hombres.

María comprendió que estaba siendo llevada un poco más lejos todavía que en el día de la Presentación, en esa ofrenda inmensa y perfecta del Hijo al Padre. Pero estaba siendo llevada, no para ir al mismo tiempo que su Hijo a reunirse con el Padre, sino quedándose en la tierra.

María tenía una tarea que cumplir en la tierra: tenía que continuar la obra de su Hijo.

- Tenía que acompañar, proteger y cuidar a los Apóstoles.
- Tenía que estar a su lado para establecer la Iglesia naciente.
- Tenía que permanecer en medio de los hombres, para ayudarles.

María, arrastrada, arrebatada en la ofrenda de Jesús a su Padre, vivió esta *elevación hacia el Padre,* permaneciendo sin embargo en la tierra.

Pidamos a María, Madre de los hombres, que nos ayude a entrar en estado de oración y de ofrecimiento:

- para continuar con ella la obra de Jesús, que es la de llevar a todos los hombres al Padre;
- para comprender mejor la voluntad de Dios sobre nosotros: permanecer en medio de los hombres para ayudarlos ; consagrarnos a Dios, en el mundo, para «consagrar el mundo».

En esta oración de ofrecimiento, alegría y dolor están íntimamente mezclados:

- La alegría por la ascensión del Hijo al Padre.
- El dolor por no subir con el Hijo al Padre y quedarnos en la tierra.

Que nuestra alma pueda gritar, uniéndose al grito de Jesús:

«Que se haga tu voluntad».

Para permanecer en la alegría de la esperanza, pidamos también a María poder contemplar, en este misterio de la Ascensión, el momento de la nueva Ascensión : aquel día en que todos los hombres volverán al Padre, gracias a Jesús-Hombre, el único que puede llevarlos a todos de la tierra al cielo.

Sepamos que un alma en oración es fuente de energía: de una energía extraordinaria y muy poderosa.

Sepamos que en el silencio de la oración perseguimos, continuamos la ofrenda de Jesús a su Padre; la ofenda de todos los hombres.

El alma en oración, en oración de adoración, se lanza con un impulso irresistible hacia su Padre del cielo, en una verdadera Ascensión.

Y el Padre del cielo se acerca.
Se inclina hacia el alma que reza.
Pero al mismo tiempo se inclina hacia toda la tierra.
La mira con un amor inmenso.
Y derrama sobre ella toda su ternura de Padre.

En este intercambio indescriptible, el cielo se inclina hacia la tierra, y la tierra entera se abre al **amor resplandeciente** del Padre.

PENTECOSTÉS

María y la divina Familia.

Es fuerza de mi Resurrección, gracias a mi muerte, la que me permite poder hacer irrupción en las almas; y surgir en ellas, yo, Jesús, el Resucitado.
Por haber retornado al corazón de mi Padre puedo proyectarme en las almas por la fuerza del Espíritu Santo.
El amor que se intercambia continuamente entre el corazón de mi Padre y mi corazón de Hijo se proyecta al exterior por el Espíritu Santo. Se proyecta en las almas que lo acogen.
Yo, **el amor vivo**, el que **habla**, tomo posesión de los corazones de carne ; tomo posesión de ellos trayendo a ellos el corazón de mi Padre, en el cual **estoy** por la fuerza del Espíritu que surge en todo momento de la vida. De esa manera, venimos los tres a habitar en el alma que tomo por esposa. La divina Trinidad viene a tomar posesión del alma y hace de ella su morada.

Esta irrupción de la divina Trinidad en el alma es el misterio insondable de Pentecostés. Este misterio se desarrolla junto a María, alrededor de María, en presencia de María, con María.

Este morar de la divina Trinidad en ella, María lo comunicará a los Apóstoles y posteriormente, por medio de ellos, a todas las almas que quieren seguir a Cristo. Todo lo que sucedió hasta el día de la Ascensión, María lo guardó en su corazón. Instruida por el ejemplo de su Hijo, María comprendió lo que le pedía la voluntad del Padre.

«Que se haga tu voluntad»: el **fiat** de la Anunciación, el **fiat** de la Cruz, llevaron a María al **fiat** de la Ascensión.

Jesús desapareció ante sus ojos de carne y ella tuvo que vivir ese misterio de separación; un desprendimiento más puro y más perfecto todavía que todos los que hasta ese momento había vivido. María no dudó un instante; se apresuró otra vez, para reunir a los Apóstoles.

Estos acontecimientos tan confusos hubieran podido haberlos dispersado una vez más. Pero María es la que contempla. Ve más allá de las apariencias.

Ella es la que cree, la que espera, la que ama. Es la que reúne.

Solamente ella va a poder decir a los Apóstoles qué hacer para vivir de la presencia viva de Jesús, a través de la separación aparente de la Ascensión.

Solamente ella va a poder llevarlos a la contemplación.

Solamente ella va a poder enseñarles a poner en práctica todo lo que vieron y oyeron.

María es quien **lleva** hacia Jesús.

También es ella quien **hará volver** hacia Él.

La necesitamos para vivir y poner en práctica lo que descubrimos en la presencia viva de Jesús.

María, nuestra Madre, será quien nos lleve a la gloria. Ella es quien nos hace profundizar en este misterio glorioso de Pentecostés.

En aquel día de Pentecostés, María espera: como en la Anunciación y como en la Resurrección, ella aguarda en la esperanza. Pero en Pentecostés no espera sola: espera con los Apóstoles, a quienes ha reunido.

María atrae entonces la manifestación de Dios sobre la tierra. Pero tampoco está sola para recibir la manifestación del Espíritu. Su oración ardiente atrae al Espíritu vivo sobre los Apóstoles, los que Jesús ha escogido para fundar su Iglesia.

La nueva alianza se realiza aquí más plenamente que en Navidad.

«Os enviaré el Espíritu»

Jesús se ha reunido con el corazón del Padre, y de su eterno abrazo brota la fuerza del Espíritu.

Es el Espíritu vivo, salido del Padre y del Hijo, y que no tiene otro deseo ni otra misión que la de abrazar a toda la humanidad en su incomparable y poderoso amor.

La fuerza del Espíritu no faltará nunca a aquellos que, con María, trabajen en la Iglesia y para la Iglesia a través de los tiempos.

En el silencio, en el recogimiento, María entró en contemplación e hizo que los Apóstoles entraran en contemplación con ella.

María está en la contemplación del misterio de Jesús, Hijo de Dios e Hijo del hombre. Y hasta el fin de los tiempos hará que su Iglesia penetre cada vez más en ese misterio.

Pidamos a María que ella misma nos introduzca en esa contemplación del misterio del amor vivo.

Pidamos a María que ella misma nos lleve al más puro desprendimiento. Ese desprendimiento puro que nos conduce más allá de las apariencias y que nos permite sobrepasar el mundo carnal y material, el mundo de la afectividad y de la sensibilidad, el mundo de nuestra propia voluntad, para unirnos tan sólo a la voluntad de Dios.

El desprendimiento puro es la puerta que se abre para introducirnos en la adoración, en la contemplación.

El camino del desprendimiento puro es el camino indispensable para acceder a la adoración. Nos lleva a la puerta que se abre para arrojarnos al amor de Dios.

Pidamos de nuevo a María que ponga en su cuna de Madre-Iglesia muchas almas de adoración; almas eucarísticas que, en la plegaria con ella, atraigan sobre las otras almas la ternura del Padre, por la fuerza del Espíritu.

LA ASUNCIÓN

LA ASUNCIÓN
La premura de María

Por medio de su Asunción, María alcanza la verdadera vida: aquella en que cuerpo y el alma se reúnen para penetrar en la plenitud de la gloria ; para entrar en el espacio infinito del amor de Dios, en ese Reino eterno que es nuestra morada.

En esa morada, María no está lejos ni distante de los hombres, porque hay una continuidad perfecta entre la vida de la tierra y la vida del cielo: *«Todo lo que hayas hecho en la tierra lo harás en el cielo»*.

En nuestra vocación, que es la voluntad de Dios en nosotros, no haremos más que seguir, continuar y perpetuar en el cielo lo que hayamos hecho en la tierra. Seremos todavía más en plenitud lo que hayamos sido en la tierra.

En la gloria de su Asunción, María no se aleja de los hombres sino que, como en la Visitación, como durante toda su vida, se apresura hacia ellos.

La premura de María, en la gloria del cielo, es la misma que en la Visitación, la misma que en Caná. María tiene prisa por ir a anunciar a la humanidad ese tiempo de Adviento, ese tiempo de preparación a la venida de Jesús. María tiene prisa por dar el vino: ese vino de Caná que, en la cruz, se iba a convertir en la preciosa Sangre de Jesús que salvaría la humanidad.

Y entrega a Jesús-Niño todas las frutas necesarias: esas hermosas frutas que son las uvas, para hacer vino. El Niño las deposita en el cáliz, y el cáliz desborda. Se desborda para que los corazones se inunden, se laven, se purifiquen y sacien su sed.

¡*«No puedo contener tanto amor»!*, grita Jesús vivo. Y no obstante, María no deja de colmar a la humanidad con sus frutos, con su fruto: el fruto de sus entrañas, fruto primeramente del corazón del Padre, fruto cuya preciosísima Sangre salva a todos los hombres.

María quisiera apresurar el gran retorno. Ella misma hace los preparativos. Prepara las almas.

En la gloria de su Asunción, no se aleja ni un instante de su labor, de su misión que es también su vocación. María tiene prisa por salvar a la humanidad, por llevarla a su plenitud, a ese día en que los vivos y los muertos vivirán para siempre jamás, con su cuerpo, en la gloria.

Mientras ese día no llegue, Jesús sufre en su gloria, los vivos sufren sin su cuerpo. Todos gimen, a la espera de la vida gloriosa del cuerpo y del alma.

Que María nos dé su anhelo del gran retorno. Que nos ayude a hacer los preparativos, en este Adviento de la humanidad ante el Señor que vendrá.

Que nos mande, como ella, en visitación hacia los demás para anunciar el Reino, para instalarlo en los corazones.

Que en la esperanza de la resurrección de los muertos, María ayude a toda la humanidad a recobrar la dignidad de los cuerpos : esos cuerpos de carne en los que los corazones están escondidos y que, ya desde aquí abajo, participan en la vida del Reino.

LA CORONACIÓN DE MARÍA

Plenitud de vida

«Es María mi madre, quien lleva cada vez más hacia mi gloria».

La gloria que conoce María coronada no es su propia gloria. Es una gloria que viene enteramente de su Hijo: es la gloria de Dios. Es una plenitud de vida: es la plenitud de la presencia de Dios.

«Es a María, mi Madre, a quien necesitáis para vivir de mi presencia».

Ningún alma puede entrar en adoración sin pedir ayuda a María. Es María quien introduce cada alma a la presencia de Jesús, Hijo de Dios e Hijo del hombre.

María acogió a cada pastor en la entrada de la gruta la noche de Navidad ; luego lo acompañó al interior de la gruta para que pudiera llegar al Niño; para que pudiera, en presencia del Niño, contemplar su gloria.

Es María, coronada de gloria en el cielo, María, reina y soberana, quien sigue acogiendo a cada alma. Y más aún: es ella quien introduce a cada alma en el amor de Dios.

Dejemos que María nos introduzca en el amor de adoración: ese amor del que Jesús-Hostia está tan carente y del que con tanto ardor desea que vivamos en la tierra como en el cielo. Ningún amor toca tanto el corazón de Dios como el amor de adoración del que María está llena; porque la gloria del Padre es ser adorado en su Hijo; y la gloria del Hijo es ser ofrecido a su Padre, en ese gran impulso del alma que es el amor de adoración.

También es la gloria de María coronada la de llevar en sus manos inmaculadas al Hijo ofrecido al Padre, como en la Presentación, y ver entonces toda la ternura del Padre derramada en la tierra a través de ella y de su Hijo ofrecido.

La coronación de María en el cielo nos hace penetrar siempre más en profundidad en el misterio del amor trinitario, en ese intercambio incesante de vida entre el Padre y el Hijo, ese intercambio que es la alianza viva que no cesa de *unir.*

La persona entera de María coronada, cuerpo y alma, está arrebatada, llevada en esta unión. Y María nos enseña que, con ella y como ella, nosotros podemos ser llevados, ya desde aquí abajo, a esta vida de *unión con Dios.*

«María, mi Madre, os lleva siempre más hacia mi gloria... Pero es ella quien nos devuelve a la vida».

¡María lleva hacia la gloria,
María devuelve a la vida!

Miremos a María continuamente para poner en práctica «lo que hemos visto y oído del Verbo de vida», en el amor de adoración.

María es quien nos lleva continuamente a la verdadera vida, y tenemos que pensar aquí en el sacramento del perdón. Somos llevados continuamente a la vida tan sólo por el sacramento del perdón, que nos ha sido concedido por la cruz.

María está en el corazón de cada perdón, tal y como está al pie de la Cruz, para acoger en él a la humanidad pecadora.

Pidamos a María el conocer más y amar, como un tesoro precioso, este sacramento del perdón que se nos da por la Iglesia; para, sobre todo, *vivir* de él.

Pidamos que María nos haga amar y adorar la preciosa sangre de Jesús, derramada por cada uno de nosotros.

Pidamos a María, que en su cuerpo inmaculado llevó el cuerpo y la sangre de Jesús, que venga el reino de la Eucaristía.

En la Eucaristía, el cuerpo y la sangre de Jesús están tan realmente presentes como lo estuvieron en María. Por el reino de María y por el reino de la Eucaristía llegará la salvación del mundo.

¡Que María, coronada en la gloria, nos obtenga cuanto antes esa salvación tan esperada!

II
ORACIONES DE ADORACIÓN

Se acerca la hora, mejor dicho ha llegado ya,
en que los adoradores verdaderos adorarán
al Padre en espíritu y en verdad.

(Juan 4, 23.)

Estas oraciones no son meditaciones, no son tampoco contemplaciones, ni plegarias. No sé mucho de todo eso. Es otra cosa lo que mi Dios ha querido darme. Es tan sólo... un *grito de adoración!*

Es lo que el mismo Dios me ha puesto en el corazón para gritarlo a otros corazones, en un solo impulso, en sólo un canto, y decir a todos los que buscan, sencillamente, *cómo hallarlo y dónde encontrarse con Él,* aunque no se hayan preparado.

Porque, en efecto, todo ese innumerable gentío que puebla la tierra inmensa no sabe nada de meditaciones, ni de contemplaciones ni de plegarias. No sabe, porque está lleno de pequeños y de pobres que no han podido aprender todas esas cosas. Todos esos pequeños, todos esos pobres, ellos, los más bondadosos, los más humildes, pueden, con un solo grito del alma, amar y adorar a su Dios.

Con vosotros todos, pequeños y pobres que sufrís, con los que estáis enfermos o agonizantes, con los que padecéis soledad o estáis de luto, o estáis abandonados, separados, perseguidos, encarcelados, con vosotros que sois los que estáis más cerca de Dios aunque creáis estar lejos de Él, con vosotros todos quiero, en un solo grito del alma, amar y adorar a mi Dios.

Como el rayo fulgurante que, en un solo instante, va de oriente a occidente, **el grito de adoración** surge en un instante y con toda sencillez del corazón del hombre al corazón de Dios.

Corazón del hombre elegido por Dios, en un estuche maravilloso, para estar en él **presente** vivo en todo momento.

¡Corazón del hombre, verdadero lugar del encuentro entre Dios y el hombre, entre el hombre y su Dios!

Oración de adoración, un solo grito, un solo canto, un solo susurro, un solo impulso del alma hacia su Dios para decirle sencillamente: **¡te quiero!**

Oración toda sencilla al alcance de todos.

Es lo que desea Dios para nuestro tiempo.

ESTOY CERCA DE VOSOTROS

Desde hace tanto tiempo, he deseado
en el pesebre ser adorado.
Ser adorado, no en una figurita de barro,
por muy bien pintada que esté.
Sino ser adorado en la Eucaristía
donde estoy realmente presente.
Yo, Jesús, en la Eucaristía,
sobre la paja del pesebre,
viviendo entre vosotros.

Qué fiesta sería para mí, Jesús,
si todas las miradas enternecidas
que se posan sobre el pesebre,
se posaran al mismo tiempo sobre mí,
tan pobre, pero con tanto amor, en la Eucaristía.

En la Eucaristía soy todavía
más pobre y estoy más escondido,
que en la paja del pesebre
estaba de recién nacido...

En la Eucaristía soy Jesús inmaculado,
Hijo de Dios e hijo de María inmaculada.
Entregado a los hombres,
expuesto a sus miradas,
abandonado a sus caprichos.

Adoradme vivo en la Eucaristía,
sobre la paja del pesebre.
Estoy cerca de vosotros
en la Eucaristía,
como estaba cerca
de María y de José,
la noche de Navidad.
Estoy presente en medio de vosotros
en la Eucaristía,
como me hice presente
a toda la humanidad,
la noche de Navidad.

Cercano y presente:
dos cualidades irreemplazables del amor.
Cercano y presente en la Eucaristía,
más que en la noche de Navidad todavía.

¡Ya estoy llegando!
¡Ya estoy aquí!
Heme aquí presente,
entre vosotros en la Eucaristía.

Adoradme, a mí, Jesús vivo en la Eucaristía,
sobre la paja del pesebre;
fijad en mí vuestras miradas,
y os revelaré todo mi amor.

EN TU PRESENCIA

En presencia de tu rostro,
estoy iluminada.

En presencia de tu cuerpo,
estoy alimentada y fortificada.

En presencia de tu sangre,
estoy lavada y purificada.

En presencia de tu amor,
estoy saciada.

Bebo, como de un manantial límpido
que se derrama en mi alma.

Recibo tu gracia que me inunda,
oh mi Dios, mi Padre del cielo.

La recibo como un agua que corre,
apacible y bienhechora.

La recibo en un torrente de misericordia
que viene a sumergir mi alma,
y todas las almas que quieres salvar.

SÓLO TÚ

Sólo tú, oh Dios mío,
y yo, muy pequeñita, en tu presencia.

Sólo tú, amado mío,
y yo, muy pequeñita, con los brazos tendidos hacia ti.

Sólo tú esperado,
sólo tú deseado,
y yo, muy pequeñita, con mi espíritu en busca de ti.

Sólo tú adorado,
sólo tú contemplado,
y yo, con mi corazón perdido en ti.

Sólo tú, amor infinito,
y yo, desaparecida,
pero toda la humanidad reunida en ti.

Te adoro, oh Dios vivo,
Padre del cielo,
Hijo, fruto del Padre
entregado por María a la tierra,
alianza eterna
entre cielo y tierra.

TODO LO ESPERO DE TI

Todo lo espero de ti, oh Dios mío.

Espero tu misericordia
que corre al encuentro de mi miseria.

Aguardo en la esperanza
el espacio infinito de tu reino.

Espero con confianza
el encuentro eterno...

Todo lo espero de ti, oh Dios mío.
Espero tu cielo que, desde aquí abajo,
permite que me arroje en tus brazos.

Sólo te espero a ti, oh Dios mío,
mi Padre del cielo que me abre los brazos.

Te espero en tu Hijo,
la joya de tu corazón.

Te espero en la Alianza
que me une a ti sin cesar.

Sólo te espero a ti, oh Dios mío;
lo espero todo de ti.

Espero el encuentro eterno
que se hace aquí abajo
en cuanto me tomas en tus brazos,
cada vez que me llevas en ti...

TE ESPERO EN MI CORAZÓN

Jesús, hijo único,
entregado al mundo por el Padre;
Jesús-Niño, Jesús pobre,
depositado en un pesebre.
¡Te espero en mi corazón!

Jesús-Hostia,
el manso y el humilde,
que vino a dar su vida
para alimentar nuestras almas.
¡Te espero en mi corazón.

Jesús-Hostia,
que alimentas nuestras almas
de tu vida divina
para arrastrarnos contigo junto al Padre.
¡Te espero en mi corazón!

Jesús-Pan de vida,
inmolado por nosotros
en la cruz
para llevarnos a todos al Padre.
¡Te espero en mi corazón!

Jesús-Hostia,
expuesto ante nuestras miradas
en el Santísimo Sacramento,
entregado sin cesar por nosotros,
¡te espero en mi corazón!

Jesús-Hostia,
tu mirada está puesta sobre nosotros,
estás ahí, y nos desarmas.
Jesús-Hostia,
delante de ti,
la oración de adoración nos pone al desnudo.
Nos vemos tal como somos,
llenos de miseria.

Por eso es sólo tu mirada
de misericordia y de amor,
tan sólo tu corazón
de amor y de sufrimiento,
lo que nos atrae a ti.
Delante de la Eucaristía, nadie puede escabullirse.

Ponerse en presencia de Jesús-Hostia
es aceptar su presencia viva entre nosotros.
Es aceptar que venga a vivir en nosotros,
que venga a instalarse,
que venga a ocupar su sitio,
que venga a ocupar todo el lugar.

Porque entonces es Dueño y Señor.
Él, el pobre,
infinitamente pequeño en la Hostia;
Él, mendigo de amor,
entregándose a nosotros,
en la delicadeza de su amor,
sólo si hacemos el gesto
de ir a buscarle.
Delicadeza de Jesús
que jamás se impone,
sino que *espera*,
espera siempre
nuestro gesto de amor.

Cuando falta ese gesto de amor
que va a buscar al Amor,
es el Amor que no puede amar
y sufre.
Él, el pobre entre los pobres,
se convierte en Dueño y Señor
cuando un alma le acoge.

Señor, te espero siempre
en mi corazón.
Señor, me esperas siempre
en tu corazón.

ENSÉÑANOS

¡Oh Dios, mi Dios vivo,
enséñanos!

Enséñanos
a adorar tu rostro
coronado de espinas y de gloria.

Enséñanos
a adorar tu corazón
despojado de todo y tan rico en misericordia.

Enséñanos
a adorar el corazón de Dios,
nuestro Padre del cielo, desbordante de amor.

Corazón abierto de Dios desde toda la eternidad;
corazón del Padre, abierto para el Hijo;
corazón del Hijo, abierto para los hombres.

Corazón abierto
para esparcir luz y amor.
Corazón abierto
para acoger en él a todos los hombres.

¡Oh Dios, mi Dios vivo,
enséñanos!
Enséñanos
a adorarte
en tu Hijo
que ha tomado rostro de hombre.

Enséñanos
a adorarte
en tu Hijo
que ha tomado corazón de carne y de sangre
en la Virgen María,
y para siempre
en la Eucaristía.

Oh Dios, mi Dios vivo,
te suplico en tu Hijo
de carne y sangre en la Eucaristía:
enséñanos, enséñanos
a adorar,
a amar.

TU A QUIEN ADORO SIN CESAR

Tú eres el que
adoro sin cesar.
Tú eres al que
susurro mi amor
en todo momento.

Tú eres el que
llevo a todos lados,
porque no puedo dejarte,
y porque Tú no me dejas nunca.

Tú eres el que
me dirige
y no puedo equivocarme de camino
porque eres Tú el que me enseñas el camino.

Mantengo los ojos y el corazón clavados en ti,
porque tú fuiste clavado en la cruz por mí :
Tú eres el camino.

Tu camino de cruz es todo amor;
es el camino de amor.

PLEGARIA-VISITACIÓN DENTRO DE TI

Yo no puedo estar con los presos,
más allá de sus barrotes.

Yo no puedo estar con los enfermos,
más allá de los muros de sus hospitales.

Yo no puedo estar con los perseguidos,
más allá de sus cortinas de hierro o de bambú.

Yo no puedo estar con de los recluidos,
más allá de sus alambradas.

Yo no puedo estar con los abatidos,
más allá de sus angustias en las que están encerrados.

Yo no puedo estar con los moribundos
más allá de la envoltura de sus cuerpos tan pesados.

Por todos ellos,
oh mi Dios,
yo voy acerca de ti.

Te visito a ti,
que los reunes a todos en ti.
Los visito a ellos,
porque están todos en ti.
Te visito a ti,

pues me arrojas enseguida
dentro de ti.

Ningún obstáculo nos separa,
a ti de mí, a mí de ti;
barrotes, muros, alambradas no existen en ti.
Te visito,
y me acoges en ti.

Te visito a ti,
oh Dios mío,
les visito a ellos
que están todos en ti.

Los encuentro a todos
dentro de ti.

EL SILENCIO DE LA ADORACIÓN

La llave de un corazón es el silencio.
No hay otra.
No hay otra forma
de abrir el corazón a Jesús
más que la de entrar en el silencio :
silencio interior,
silencio del alma
que se vuelve hacia su Dios.

Silencio del alma en adoración,
que hace callar todos los ruidos del mundo,
todos los ruidos del exterior
y también todos nuestros ruidos interiores.
Silencio del alma en adoración
en medio del ruido del mundo.

Silencio al que Dios nos llama
cada vez con más fuerza
porque estamos justamente en el mundo
y porque ahora
es en medio de este mundo
cuando a Dios le hacen falta
espacios de silencio,
espacios de adoración.

Silencio del alma en adoración;
silencio de María,
silencio de Jesús
en la Eucaristía.

Silencio del alma
a la escucha de su Dios
y que le deja hablar.
Silencio para escuchar
la Palabra de Dios.
Jesús es el que habla
de parte de Dios.

Se revela a nosotros en el silencio,
nos instruye,
se manifiesta a nosotros,
nos guía y nos conduce
moldea nuestros corazones;
los amasa con sus manos
y los dirige.

Silencio del alma oración
en adoración de su Dios.
Silencio de la unión con Dios
en donde reina sólo
la paz soberana.

Silencio tan fructífero
de la intimidad con Dios,
que nos vacía de nosotros mismos
y nos enriquece de Dios.

Oh Jesús, todo envuelto en silencio
en la Eucaristía
mi alma colmada de tu presencia
te ama y te adora.

Silencio del alma en adoración
que nos abre a un amor más grande.
Silencio que nos une a los demás
y que calienta los corazones.

Silencio del alma
a la escucha de Dios
a la escucha de los demás
atenta a Dios
atenta a los demás.

Silencio humilde de Dios
que vuelve el alma toda humilde
dulce silencio de Dios
que da al alma dulzura.

En tu silencio, oh Dios mío,
encuentro tu presencia
tan plena y tan embriagadora,
que todos los ruidos del mundo
se han vuelto vacíos y huecos.

Te quiero y te adoro,
a ti,
presencia viva,
plenitud del alma.

MISERIA Y MISERICORDIA

Cuánto he sufrido hoy
de mi miseria;
¡este día me ha parecido tan largo!

Tú, que estás ahí, Amor vivo,
invadiéndome entera.
¿Qué hago de ti?

Cada uno de mis gestos,
cada palabra que digo
es lo contrario de ti.

Tú eres el Amor, tú eres el silencio.
Has cargado sobre ti toda la miseria,
has cargado con todo el sufrimiento.

¿Pero sabes, Amor tan amado,
que la miseria sufre también,
que sufrirá mientras Tú sufras?

La miseria sufre de que cargues con ella.
Sufre por hacerte sufrir.
La miseria llora por ser la miseria.

Llora por ser el pecado.
No puede hacer otra cosa,
más que ser miseria.

No puede hacer otra cosa,
más que gritar su pena de ser sólo eso.
No puede hacer otra cosa más
que tender los brazos hacia ti,
para arrojarse en tu misericordia.

Entonces yo, la miseria,
corro, me echo en tus brazos,
me dejo caer,
me dejo llevar.

Y Tú, misericordia viva,
me tomas en tus brazos,
secas mis llantos,
consuelas mi corazón.

Señor, te suplico,
que jamás ningún hombre
olvide arrojarse en tu misericordia.

EL POBRE CESTO

Oh Dios, mi amor y mi alegría,
toda mi vida está ahí,
tan pobre delante de ti,
pero Tú eres todo mi amor
y toda mi alegría.

Estás ahí, tan cerca de mí.
Mi vida posada a tus pies,
y recogida en ti.
Tu vida me agarra y me prende toda en ti.

Mi corazón, tan pobre delante de ti,
está posado a tus pies
como un cesto vacío.
Un pobre cesto,
es todo lo que tengo para ti,
oh Dios mío,
Tú que eres todo mi amor
y toda mi alegría.

Mira este cesto vacío, oh Dios mío,
este pobre cesto,
y mete en él todo lo que quieras.
Pero sobre todo no te olvides
de poner en él todo tu amor y toda tu alegría.

Mete en él todo lo que quieras.
Ése es tu secreto.

Pero si prefieres dejarlo vacío,
tan pobre delante de ti,
haz lo que quieras.

Como un cesto vacío,
un pobre cesto.
Se quedará siempre ahí,
esperándolo todo de ti,
esperando sobre todo, lo sabes Tú bien,
todo tu amor
y toda tu alegría...

Tu silencio, tu gran silencio, oh Dios mío,
es la respuesta que eliges.
Estas ahí,
tu paz soberana
me habla de tu presencia en mí.

Pero de lo más hondo de tu silencio
de paz y de alegría,
tu silencio eterno,
quieres, oh Dios mío,
para colmo,
darme a elegir.

Sin ruido y sin palabras,
pero tan sólo con la ternura de tu corazón:
«Tu, hija mía,
¿qué prefieres
que ponga en tu cesto?»

Oh Dios, Dios de todo mi amor
y de toda mi alegría,
aquí está mi corazón tan pobre delante de ti,
como un cesto vacío,
un pobre cesto.

Pon en él, oh Dios mío, lo que quieras.
Pero si me preguntas qué...
ésta es mi respuesta
que conoces desde siempre: *¡Tú!*

Mete, oh Dios mío,
en el pobre cesto de mimbre trenzado,
pan y vino.
Llénalo de una medida abundante
desbordante...

Eres Tú quien da el pan,
eres Tú quien da el vino
con el trabajo de los hombres;
pan que alimenta,
vino que alegra,
Tú haces brillar el sol o caer la lluvia.

Creador del universo,
en oración delante de ti
te pido el pan
te pido el vino.

El pan y el vino en mi pobre cesto,
pan de vida,
vino de Alianza eterna,
Eucaristía.

También eres Tú, oh Dios mío,
quien das a la tierra a tu Hijo.
Pan de vida,
fruto de la viña
para todos los sedientos de ti.

Oh Dios mío, llena el pobre cesto,
posado ante ti,
de tu fuente de vida
para todos ellos, para los pobres de ti.

Pobre ante ti,
sólo pienso, Dios mío,
en dar mi vida para los que son pobres de ti.
Ayúdame, Dios mío, a llegar hasta ahí
para alcanzarte
a ti, que vienes hacia mí
y a ellos todos en ti.

Dar a todos los pobres de ti
el Pan de vida
y la fuente eterna.

Consagrarlos todos a ti,
con el pan y el vino sobre el altar
en una consagración de todo el mundo,
única y eterna.
Que se conviertan en otros hijos para ti,
unos hijos que gocen de ti
y sean felices en tu gloria eterna.

Oh Dios mío,
Dios de todo mi amor
y de toda mi alegría.

MOTITA DE POLVO

¿Hay mayor suerte
que la de ser ante Él,
una motita de polvo
que adora a su Dios?
Motita de polvo
al pie del sagrario
para hablar y cantar
la gloria de su Dios.

Motita de polvo
amada por su Dios,
revoloteas en la luz
para bailar y cantar delante de Él.

Motita de nada
amada de su Dios,
arrojada en Él, desaparecida en Él,
para no ser nada,
para estar solamente en Dios.

ORACIÓN DEL ALMA ATORMENTADA EN MEDIO DE LA NOCHE

Oh Dios mío,
ten piedad de mí.
Yo siempre te abandono,
pero Tú, Dios mío,
¡no me abandones!

Aunque mi cuerpo desfallezca,
aunque mi cabeza vacile,
aunque mi corazón esté abrumado,
aunque mi espíritu está desasosegado,
aunque mi fe vacile,
aunque ya no tenga esperanza,
¡me queda el amor!
Oh Dios mío, ¡te amo!

Es un grito: ¡Te amo!
Un grito tan fuerte
que atraviesa la noche,
como el relámpago atraviesa las tinieblas.
Grito de amor que ha penetrado toda mi vida
para llevarme al espacio
insospechado de tu amor.

¡Te amo!
Grito de amor que ahora
desgarra mi noche y la invade
como un relámpago de fuego
para llevarme al rostro santo
que resplandece en la noche,

rostro querido,
rostro tan amado.

Noche de prueba,
noche de muerte,
noche de sepulcro.
Noche de Lázaro
antes de que la gloria le sobreviniera;
noche de tres días y tres noches
¡que parece no terminar nunca!
Vida o noche
mi alma te grita :
¡Te quiero!

¡Te quiero!
Siempre el mismo grito.
Atraviesa el espacio de la noche
tanto como el espacio de la vida.
Es tan sólo un grito de amor
que alcanza siempre
el espacio infinito de tu amor.

Más allá de la vida,
más allá de la noche
no hay más que amor,
¡Tu amor !
Oh Dios mío,
¡te quiero!

UNA VENDA SOBRE LOS OJOS

Los hombres me han arrojado a las tinieblas,
a mí que soy la luz.
No veía nada,
estaba como un ciego,
pero oía los insultos.
Herían mi corazón tanto como los golpes.
Hijo de mi corazón,
cuando estés en la oscuridad
piensa en la venda
que pusieron en mis ojos.
Recuerda
que en lo más profundo de tu noche
yo estoy contigo.

Ahora, la venda está quitada.
Te veo a ti en el pozo sin fondo
del sufrimiento.
He descargado mi sufrimiento,
porque estoy en la gloria,
y lo he descargado sobre ti.
Intercede en la adoración.
¡Oh, te suplico!
Intercede cerca de mi Padre
por los hombres de este tiempo.

Recuerda
que en lo más profundo de la noche
yo estoy ahí
contigo y con todos los hombres.

DIOS TE SALVE

Un día vino María
y me dijo: «Dios te salve».
Su voz era suave, muy suave,
y sin embargo me estremecí.

María se había inclinado;
María había hablado.

Había hablado
con un respeto tan profundo
que me quedé ahí, delante de ella,
sin saber qué hacer.

Estaba emocionada.
No estaba segura si había oído bien.
Sin embargo, realmente, María había venido
y me había dicho: «Dios te salve».

Entonces María, vestida con su traje azul
se inclinó ante mí profundamente
en un gracioso gesto de saludo.
Su gesto confirmaba sus sencillas palabras.

María había venido
y había dicho: «Dios te salve».

Y yo como una pobre niña,
una pobre niña tímida
me quedé parada, emocionada.
¿Qué significaba ese saludo?

En su saludo,
había una insistencia en dejar bien seguro
«Sí, he venido de verdad»
La dulzura de su sonrisa
expresaba todo su agradecimiento
como para explicar su
«Dios te salve».

Te saludo
por haber dicho sí a mi Hijo;
por haberle acogido y querido
en su Eucaristía.

«Dios te salve»:
es el anuncio de una buena noticia,
el anuncio de un mensaje del cielo.
El anuncio de un acontecimiento
que une el cielo y la tierra ;
anuncio de un acontecimiento
que da a la tierra el cielo entero.

«Dios te salve, María»:
aquel acontecimiento que se anunció pasó por María
porque Dios la eligió,
porque Dios la amó.
El Hijo de Dios nos fue dado
por la Virgen inmaculada.
Hizo su morada en ella
y tomó carne de ella.

Se hizo carne en la carne de María,
se hizo carne en nuestra carne,
en la Eucaristía.
Se quedó entre nosotros
en la casa de María;
se sigue quedando entre nosotros
en la Eucaristía.

Para volver, Jesús elegirá
corazones de carne.
Carne en nuestra carne en la Eucaristía.
Volverá a los corazones que elija;
volverá a los corazones que ama.

Volverá al calor de un hogar,
escondido en lo hondo de los corazones
como estuvo escondido en una cueva
en la Natividad.

Volverá a las casas,
a las casas escondidas e inmaculadas
como la de Nazaret.
Volverá a las familias santificadas
por su Cuerpo entregado,
por su Sangre derramada.
A las familias eucaristizadas.

«Dios te salve»:
es un saludo para nuestro tiempo
porque María nos viene a anunciar
que su Hijo va a venir.

LA ADORACIÓN DE MARÍA

María medita y guarda en su corazón
lo que comprende
y lo que no comprende.

¿Qué adora?
¿A quién adora?

Adora a su Dios,
en la persona viva
de su Hijo, hecho hombre.

Adora su persona,
adora su palabra,
lo adora, después de la Ascensión
presente en la Eucaristía.

María en su pueblo,
María en su casa,
María en su familia,
María en medio del mundo.
María ama y adora.

María, madre de los adoradores,
enséñanos a orar,
a adorar con fe y esperanza,
el amor y los misterios de nuestro Dios vivo.

Enséñanos a adorar
con nuestras propias palabras:
las del Angelus y del Magnificat.

Enséñanos, también y sobre todo,
a adorar con tu silencio.

Enséñanos a «guardar»
todo lo que comprendemos
y todo lo que no comprendemos,
María, madre de las almas de adoración.

ADORA MI SANTA FAZ

Mi amor vivo,
tu rostro tan querido,
presente en la divina Eucaristía,
ha invadido mi alma.

En mi alma rebosante de ti
está sólo tu rostro,
tu rostro doloroso
que surcan dos arroyos de sangre,
tu rostro coronado
de cordero aprisionado en la zarza.
¡Tu rostro crucificado
que no cesa de amar!

En mi alma rebosante de ti,
está sólo tu rostro.
Tu rostro glorioso
de Jesús resucitado.
Tu rostro deslumbrante
de Cordero inmaculado.
Tu rostro resplandeciente
de amor vivo.

En mi alma llena de ti,
Oh Jesús glorioso, Jesús doloroso,
está sólo tu santa faz,
hostia inmaculada :
tu santa faz,
copa de tu sangre.

Adoro tu santa faz,
oh mi amor vivo,
hostia inmaculada
de tu santísimo cuerpo,
cáliz resplandeciente
de tu preciosísima sangre,
que contienen toda la humanidad rescatada.

DULCE ROSTRO DE JESÚS

Dulce rostro de Jesús,
Niño del Nacimiento
que enterneces los corazones más indiferentes,
que apacigua los corazones más agitados,
te adoro.

Dulce rostro de Jesús,
Hijo de un Dios, de un Padre
de corazón desbordante de amor,
te adoro.

Dulce rostro de Jesús,
cuyos rasgos adorables están formados
en el cuerpo virginal e inmaculado de María,
te adoro.

Dulce rostro de Jesús,
resplandeciente, inalterable,
que se deja fácilmente contemplar
por los que le aman,
te adoro.

Dulce rostro de Jesús
que, a través del tiempo
estás ahí, *presente* en la Eucaristía.

Dulce rostro de Jesús,
resplandeciente, inalterable,
bajo las apariencias del pan
y del vino consagrados,

dejas que los que te buscan
te encuentren.

Dulce rostro de Jesús
posado sobre nosotros la noche de Navidad,

dulce rostro de Jesús
sobre la paja del pesebre,

dulce rostro de Jesús
en la hostia inmaculada,

dulce rostro de Jesús
resplandeciente en el vino,

dulce rostro de Jesús
tan humilde y discreto en la Eucaristía,

dulce rostro de Jesús
en el fondo de los corazones
de los que le aman
y de los que le buscan,

mi corazón te llama,
con todas sus fuerzas, y te adora
oh Jesús.

Que tu dulce rostro glorioso
marque con su amor resplandeciente
e inalterable
el corazón de todos los hombres.

JESÚS ES FRUTO
JESÚS ES VIÑA

Jesús es fruto,
fruto de tus entrañas, oh María ;

Jesús es fruto,
Jesús es fruto del Padre.

Jesús es fruto,
fruto del corazón abierto del Padre,
fruto de amor del corazón de Dios.

Jesús, salido del Padre,
como el fruto sale del árbol,
don de aquel que da la vida.

Fruto dado por el Padre
para ser entregado, comido,
y dar a su vez vida.

Jesús es vida, Jesús es viña
prensada por la mano del Padre
en un gesto de amor.

Gotas de sangre brotadas de la uva abierta,
sangre derramada de Jesús,
deseo ser sólo Tú,
deseo desaparecer en ti.

Oh sangre preciosa de Jesús,
derramada por nosotros en la Cruz,
derramada por nosotros en la Eucaristía,
te adoro.

SANGRE PRECIOSA DE JESÚS

Sangre preciosa de Jesús,
sangre preciosa que nos salva,
te adoro.

Sangre preciosa de Jesús,
sangre preciosa redentora,
te adoro.

Sangre preciosa del Cordero,
sangre preciosa que lava nuestras vestiduras,
te adoro.

Torrentes de luz y de amor
brotados del Corazón abierto,
te adoro.

Nuevo diluvio,
diluvio de vida
diluvio de salvación universal.
Te adoro.

LETANÍAS DEL CORAZÓN ABIERTO DE JESÚS

Corazón de mi Dios,
lleno de bondad y de misericordia.

Corazón de mi Dios,
lleno de incansable paciencia.

Corazón de mi Dios,
lleno de inagotable ternura.

Corazón de mi Dios,
desbordante de amor.

Corazón de mi Dios,
tan vivo y tan cercano.

Corazón del Padre
que se revela en su Hijo.

Oh Corazón de Jesús,
te adoro.

Corazón de Jesús,
joya en medio del estuche,
brotado del corazón abierto del Padre
en el momento fijado por Él,
corazón de carne y de sangre,
corazón de un Hombre-Dios,
oh Corazón de Jesús,
te adoro.

Corazón abierto del Padre
que nos deja entrever
la joya de su corazón,
y que nos la entrega
en un don supremo;
irradiando tu brillo
haces de nosotros además
como tantas perlas preciosas
colocadas en torno a la joya.
Cada perla, tan preciosa como la joya
y revestida de tu luz
y de tu amor,
cada una toma vida
del brillo de la joya.

Oh Corazón de Jesús,
joya admirable
confiada a la tierra
y a todo lo que contiene,
joya inestimable
brotada del corazón abierto del Padre
de toda eternidad
para los hombres,
tu belleza no acaba de encantarme,
te adoro.

Corazón abierto de Jesús,
palacio maravilloso.
Corazón abierto de Jesús,
luz resplandeciente.
Corazón abierto de Jesús,
jardín de delicias.

Corazón abierto de Jesús
blancura brillante.
Corazón abierto de Jesús

pozo sin fondo.
Corazón abierto de Jesús,
torrente impetuoso.
Corazón abierto de Jesús,
casa silenciosa.

Corazón abierto de Jesús,
vivienda acogedora.
Corazón abierto de Jesús,
trono de gloria.
Corazón abierto de Jesús,
paz inalterable.

Corazón abierto de Jesús,
altar del sacrificio.

Corazón abierto de Jesús,
cuerpo muy glorioso.
Corazón abierto de Jesús,
sangre preciosísima.

Corazón abierto de Jesús,
nueva aurora.
Corazón abierto de Jesús,
árbol floreciente.
Corazón abierto de Jesús,
reino eterno.

Corazón abierto de Jesús,
sagrario relumbrante.
Corazón abierto de Jesús,
abismo de alegría.
Corazón abierto de Jesús,
santuario deslumbrante.

Corazón abierto de Jesús,
bálsamo calmante.

Corazón abierto de Jesús,
riachuelo de sangre.
Corazón abierto de Jesús,
estuche inmaculado.

Corazón abierto de Jesús,
cristal transparente.
Corazón abierto de Jesús,
joya admirable.
Corazón abierto de Jesús,
océano de misericordia.

Corazón abierto de Jesús,
suntuosa pobreza.
Corazón abierto de Dios,
majestuoso embeleso.
Corazón abierto de Dios,
¡perpetuo encanto!

Oh dulce Jesús,
Jesús de mi corazón,
¡confío en ti!

LOS LATIDOS DE TU CORAZÓN, OH JESÚS

Los latidos de tu corazón,
oh Jesús,
llenan todo el espacio
de mi alma.

Resuenan en mí
hasta el infinito,
para recordarme tu presencia
en mi corazón.

Los latidos de tu corazón
oh Jesús,
me hablan de tu amor vivo,
en cada momento.

Infunden tu vida
en mi ser;
todo mi ser, oh Jesús, está lleno
de los latidos de tu corazón.

El acto creador de Dios
está ahí, viviendo en mí.
Está ahí, en cada latido de mi corazón,
¡y es el corazón de Dios
que vive en mí!

El corazón de Dios late de amor
sin parar,
en cada alma, en cada ser ;

he aquí el secreto del misterio,
he aquí el secreto de la vida.

El corazón de Dios
de carne y de sangre,
por Jesús hecho Hombre,
lleva la vida
en su palpitación.

Corazón de Dios
vibrante de amor,
portador de vida,
¡te adoro!

La vida que me das
quiero que sea una mirada única de amor
vuelta hacia ti
aspirada por ti.

En mi corazón,
de carne y de sangre
a imagen del de tu Hijo,
Dios hecho Hombre,
¡quiero *llevar*,
al corazón del mundo,
los latidos de tu corazón!

Los latidos de tu corazón
al corazón del mundo,
para que en el mundo
resuene tu amor,
el amor de tu corazón
¡oh Jesús!

Los latidos de tu corazón
al corazón del mundo,
para que el mundo conozca
todo el amor de tu corazón.

Los latidos de tu corazón
al corazón del mundo,
¡para que el mundo oiga
latir el corazón de Dios!

Corazón de un Padre
que da siempre la *vida*,
como un padre da siempre el pan,
corazón del Padre
que nos da siempre
el pan de vida.

El corazón de Dios
en el corazón de hombre.
El corazón de Dios
en el corazón del mundo.

Oigo los latidos
del corazón de mi Dios
que viene para recoger en Él
los corazones de todos los hombres.

Cada latido del corazón de Dios
infunde la vida
a los corazones de todos los hombres,
la *vida de Dios* está en los hombres.

¡El corazón de mi Dios
en el corazón del mundo!
Y yo *llevo*
esos latidos del corazón de Dios
al corazón del mundo.

El corazón de Dios
latiendo de amor
gime sin parar
para dar la vida al corazón de los hombres.

Oigo el corazón de Dios
latir de amor.
Haz oír tu amor,
oh mi Dios,
a todos los hombres.

Oh corazón de mi Dios,
te adoro
por todos ellos.

EL CORAZÓN DE DIOS

Oh Dios de amor,
corazón de mi Dios,
que late de amor,
¡te adoro!

Sin parar y sin fin
el corazón de mi Dios
late de amor ;
¡el corazón de Dios es *amor*!

Metida en el hueco del corazón de Dios,
mi vida late
a cada latido
de su corazón;
mi vida late
al ritmo de su corazón;
¡el corazón de Dios es *vida*!

Pequeña parcela de vida
brotada de los latidos de su corazón,
mi vida no existe más que por Él,
está toda en Él.

Sin parar y sin fin
el corazón de mi Dios
late de amor,
¡el corazón de Dios da vida!

Chispita de vida
proyectada de la hoguera ardiente

del corazón del Padre,
cada vida está puesta en la tierra
por un cierto tiempo,
pero cada vida está hecha
para latir
sin parar y sin fin
al ritmo de amor del corazón de Dios.

Pequeña parcela de vida
que tan sólo aspira a volver de donde vino,
a la vida que late
en el corazón de Dios.

Al corazón de Dios
que late de amor
sin parar y sin fin.
¡el corazón de Dios es *eterno*!

Cada vida transcurre como un riachuelo
que no puede existir
si no está conectado con el manantial.
¡El corazón de Dios es *fuente de vida*!

El corazón de Dios es espacio sin fin,
espacio de luz,
la luz de gloria
cuya claridad deslumbrante
se propaga siempre
y no cesa de extenderse.

Es el Reino
anunciado por Jesús.
El corazón de Dios es *reino de vida*.

Todo mi ser
se vuelve hacia su fuente,
todo mi ser
se vuelve hacia la hoguera ardiente.

Toda mi alma,
en su reserva de silencio,
se vuelve hacia su Dios,
hacia el corazón de Dios.

Y entonces, ¡ve!
El alma sólo puede ver si antes
ha sabido *mirar*.

Mirar en el silencio,
en la pobreza,
en la renunciación,
para estar solamente unida a su Dios.

Entonces es cuando ve,
y más que eso, *vive*,
entra en la vida,
se sumerge en el corazón de la *vida*.

Vive de la vida del manantial que mana,
vive de la vida de la hoguera ardiente,
vive de la vida del reino esplendoroso,
vive al ritmo de Dios.

El corazón de Dios
sin parar y sin fin
late de amor
en la Eucaristía.

Don prestigioso para nuestra tierra
y para nuestro tiempo.
El corazón de Dios, latiendo de amor,
habitando completamente vivo en la Eucaristía.

Pequeñas parcelas de la vida de Dios,
vida verdadera contenida en cada hostia.
Multitud de hostias sobre la tierra

hasta el fin de los tiempos,
como hay multitud de vidas sobre la tierra
hasta el fin de los tiempos.
La Eucaristía es puro reflejo
del corazón de Dios.

El Hijo se da en una multitud de hostias,
verdadero Pan de Vida,
igual que el Padre se da continuamente en una
multitud de vidas hasta el fin de los tiempos.

Don del Hijo en la Eucaristía,
en el único latido de Amor
del corazón del Padre.

Jesús-Eucaristía,
don ineluctable que tenía que hacer el Hijo
para dar a conocer a los hombres
la *vida* que late en el corazón del Padre.

El corazón de Dios
sin parar y sin fin
late de amor en la Eucaristía.

Jesús-Eucaristía
revela a los hombres la vida del Padre.
La vida del corazón del Padre,
la vida de amor trinitario.

Jesús que ha venido para mostrarnos al Padre
nos ha dejado la Eucaristía.
Mirar a Jesús-Eucaristía en la adoración,
es *mirar* al Padre.

La Eucaristía no es un don
sólo para alimentarnos

es un don además, para hacernos
vivir la vida eterna en el corazón del Padre.

Jesús-Eucaristía,
don para prepararnos
al ritmo de amor
del corazón de Dios.

Jesús-Eucaristía,
don glorioso para prepararnos
a la mirada de amor, al cara a cara,
al corazón a corazón de la vida eterna
en el corazón de Dios.

Mi corazón en el tuyo,
mi vida en la tuya,
todo mi ser te grita :
«¡Oh mi Dios, te adoro!»

SUMIDA EN TU CORAZÓN

Sumida en tu corazón, oh Jesús,
encuentro por fin la paz,
una paz profunda, soberana.

Sumida en tu corazón,
absorbo lentamente la alegría,
como de una fuente inagotable.

Sumida en tu corazón,
estoy llena de dulzura,
la dulzura de tu corazón *manso y humilde.*

Sumida en tu corazón,
estoy impregnada de ternura,
la ternura desbordante
de tu misericordia.

Sumida en tu corazón,
encuentro la fuerza,
la que no te permite desfallecer,
aunque esté el corazón dolorido,
al pie de la cruz.

Sumida en tu corazón,
conozco la vida.
Mi vida está en ti,
en el latido de tu corazón abierto.

Sumida en tu corazón,
oh Jesús,
en donde se adora de verdad,
ahí está la verdadera adoración.

LA LLAGA DEL CORAZÓN

Yo quiero
la llaga del corazón.
Es mi preferida.
¡La he amado tanto!
¡La he adorado tanto!
Es la llaga del corazón de mi Dios,
la llaga de mi dulce Jesús en la cruz.

La beso cada día.
Cada día pongo
mi oído sobre ella
para escuchar todos los secretos,
los secretos del corazón de mi Dios,
del corazón de mi dulce Cristo en la cruz.

A ella me atrae Jesús
para que me acurruque.
Ahí es donde quiere contarme
todos sus secretos,
los secretos del amor,
que no puede callar,
de su corazón abierto en la cruz.

La llaga del corazón de Jesús,
la había sentido María antes.
Es la llaga de María
que no dijo nada
pero lo comprendió todo.
Es la llaga que llevó María

en su corazón
como había llevado a Jesús.

Quiero vivir
en la llaga del corazón de mi Dios,
de mi dulce Jesús en la cruz,
para adorar en ella.
En ella se está en la fuente,
en la fuente de la Iglesia,
con el agua y la sangre,
con María y Juan.

TU CORAZÓN, SEÑOR, ES DONDE VIVO

Tu corazón, Señor,
se ha convertido en mi morada,
mi morada de amor.

Es una morada inmensa,
un palacio maravilloso,
el palacio del rey
que me ha llevado allí.

Le pertenezco.
No tengo otro camino;
ha venido a llevarme para siempre.

Soy su prisionera,
prisionera de amor
en su palacio sin fondo,
en su palacio sin fin.

Señor de amor, ¡has colmado mis deseos
más allá de toda esperanza!
No hay para mí mayor alegría,
ni hay otro camino
que el estar dentro de ti.

Nunca más podré salir de tu corazón.
Tu corazón de amor es quien vive por mí.

ORACIÓN A MI PADRE DEL CIELO

Oh mi Dios, mi Padre del cielo,
concédeme el amarte tanto,
que no desee nunca hacer mi voluntad,
sino tu santa voluntad.

Concédeme el amarte tanto
que jamás tenga miedo de mi debilidad,
sino que esté siempre revestida
de la armadura de tu fuerza.

Concédeme el amarte tanto
que no ponga ningún obstáculo
a que ocupes en mi alma todo el espacio.

Concédeme el amarte tanto
que no me pierda
por caminos engañosos,
sino que siga sólo tu camino
el camino de tu amor.

MI PADRE, OH MI DIOS

No quiero hacer nada
que no quieras tú,
ni decir algo
que no venga de ti,
ni escuchar nada
que no sea el murmullo de tu corazón,
ni ver cosa alguna
que no sea tu santo rostro.
Quisiera no ser nada
si no es en ti.

Quiero amarte sólo a ti.

Ya nada me retiene aquí abajo.
Ni tengo aquí ninguna atadura humana.
Soy toda tuya, Padre de ternura,
cada vez más pequeña
y más débil en tus brazos,
quiero desaparecer y perderme en ti.

Oh Padre,
mi Padre el cielo,
sólo te deseo a ti.

PADRE DE INMENSA TERNURA

Dios-Padre, Dios-Amor,
Dios del cielo, Altísimo y todo amor,
has engendrado un Hijo desde toda la eternidad :
«Eres mi Hijo,
hoy te he engendrado.»

Tu obra, Padre, es engendrar al Hijo.
En tu amor, Dios del cielo,
engendras al Hijo sin cesar.
Sin cesar creas la vida y la das.

Padre de toda ternura,
amas y eres la vida.
En tu Hijo reúnes
a todos tus hijos de la tierra.
Y todos tus hijos de la tierra
se vuelven hacia ti.

Por tu Hijo tan amado,
oh Padre, Padre del cielo,
Padre de toda ternura,
te adoramos,
y volvemos nuestro corazón
hacia ti.

ENLACE ETERNO

El Padre es Fuente, origen.
El Hijo es Verbo, palabra de vida.
El Espíritu es Alianza, unión.

El Espíritu vivo proyecta sin cesar
la Fuente en el Verbo
y el Verbo en la Fuente.

Intercambio de vida,
intercambio de amor
entre el Padre y el Hijo,
proyectados constantemente por el Espíritu
en los hombres.

Enlace de amor
entre el Padre y el Hijo
sellado por el Espíritu,
englobando a todos los hombres.

Espíritu vivo,
anillo de luz,
Alianza eterna,
te adoro.

Te grito mi amor ardiente,
quiero estar y permanecer en la Alianza
que tú mismo has sellado
entre el Padre, el Hijo y mi alma.

Oh Espíritu vivo,
enlace eterno
entre el Padre
y el Hijo y los hombres,
¡te adoro!

ORACIÓN DE ADORACIÓN AL ESPÍRITU VIVO

Te adoro, Espíritu vivo,
tú que derramas en mi alma
tantos beneficios.

Gracia que inunda
lluvia bienhechora

Rocío abundante
alegría desbordante

Torrente que fluye
bálsamo calmante

Paz inalterable
voz majestuosa

Fuerza atrayente
ternura invasora

AMOR VIVO,
tan amado por mi alma,
tú a quien quiero y adoro,
derrama en todas las almas
todos tus beneficios.

COMO UN FUEGO DEVORADOR

Hay en mi alma
como un fuego devorador
que vive en mí y me consume.
Dios, mi Dios vivo,
ha venido a habitar en mi alma.

Ha venido a habitar
trayendo con Él
toda su luz deslumbrante.

Ha plantado una zarza de fuego
que brilla, y arde y se inflama.
Y el viento de la gracia,
esa brisa ligera que roza el alma
aviva la llama.

Y mi alma no soporta más,
y mi cuerpo no soporta más
el ser devorados por la zarza ardiendo
que no se consume jamás.

Mi alma se consume.
Y mi cuerpo con mi alma también se consume
y a veces desfallece.

Y cuanto más débil está mi cuerpo,
más se ampara de mi alma el fuego devorador,
la agarra, la moldea,
y hace de ella lo que quiere.

El fuego devorador es agotador
pero nunca se agota.
Es un fuego sin fin
que no se puede apagar.
El aliento de Dios lo mantiene,
lo atiza y lo reaviva
a merced de su gracia,
a medida de su amor sin fin...

En el fuego devorador
no hay turbación ni tormento
sino un inmenso deseo de Dios.
El alma se arroja en Dios
como las llamas se lanzan hacia el aire
que las vivifica.

En el fuego devorador
hay una gran, grandísima paz del alma
que se consume en Dios,
para hacerse uno sola con Él.

Oh Dios,
mi Dios vivo,
fuego devorador,
aliento de mi alma,
¡te quiero y te adoro!

Tú eres el fuego vivo
que en tu Hijo Jesús
has venido a encender en la tierra,
y que tanto deseas
encender en cada alma.

DEJAOS QUEMAR

Dejaos inflamar
por la presencia viva de Jesús.
Dejaos quemar
por su amor vivo en vosotros.
Sed antorchas encendidas,
sed antorchas vivas
que reflejen la luz de Cristo.
Sed corazones ardientes
que llevan y transportan
el amor de Jesús vivo,
por donde pasan.

Tened un corazón de apóstol
como el corazón de María,
que llevó en ella
la intensa llama
del amor vivo
al pie de la cruz,
y que ardió de esta intensa llama
tan ardientemente
que incendió el corazón de cada apóstol.

¡Tened un corazón de apóstol,
tened un corazón de fuego!
Como el corazón de María,
como el corazón de los Apóstoles,
como el corazón de las santas mujeres.

Dejaros quemar por la presencia viva,
dejaos quemar por su amor,
dejaos llenar por la persona
de Jesús vivo en la Eucaristía.

LA MAÑANA DE PASCUA

En la mañana de Pascua,
he visto a mi Dios
¡resucitado!
Mi Dios no es un Dios de muertos
sino de vivos.

La mañana de Pascua
se levantó.
Se levantó de entre los muertos
porque es EL QUE VIVE.
Y a todos nos ha inundado
con su claridad.

En la mañana de Pascua,
en el gran silencio,
he visto a mi Dios resucitado
anunciarme la aurora nueva.
La aurora nueva llevaba en su claridad
a mi Dios inmaculado.
Me irradió de su blancura,
y después me llamó.

La mañana de Pascua,
en la claridad inmaculada
del gran silencio,
oí que mi Dios me llamaba.

Pudo llamarme
como llama a cada uno
por su nombre.

Me llamó para
no separarse nunca más de mí,
y para que nunca más
me separe yo de Él.

La mañana de Pascua,
en la gran claridad
he visto a mi Dios resucitado
y he oído que me llamaba.
Mi Señor y mi Dios vivo
me hacía entrega
de su cuerpo resucitado
y de su sangre derramada,
por siempre resucitado.

La mañana de Pascua,
toda inundada de una claridad inmaculada,
mi Dios resucitado
me ha llamado
para darme su cuerpo entregado
y su sangre derramada
en Eucaristía eterna.
Lo he comprendido
y lo he recibido, ese don tan esperado.
Me ha llegado al corazón,
donde se escondía en lo más hondo,
desde siempre,
todo mi amor por mi Dios.

Cada Eucaristía
es una *mañana de Pascua*
toda iluminada.

Cada Eucaristía
es una aurora nueva
toda inmaculada,
en la espera alegre
de la Eucaristía eterna.
Oh Dios, mi Dios vivo,
resucitado la mañana de Pascua,
te adoro
en tu Eucaristía.

UNA PERLA EN MI CORAZÓN

Tengo una perla en mi corazón,
en lo más hondo de mi corazón.

Está incrustada
desde que el mismo Jesús la puso allí.
En lo más hondo
del hueco de mi corazón.

Me deslumbra,
me consume
me quema.
Me hiere de amor
pero es el tesoro escondido,
la perla por la que
lo he dejado todo.

Tengo una perla en mi corazón.
Es el amor de Jesús
depositado ahí, en secreto,
y traspasa mi corazón.

Es la perla rara
que nadie conoce
si no se ha dejado todo
para ir a buscarla.

Es la perla rara
que sólo se puede vislumbrar

en lo más hondo de los abismos sin fondo,
los abismos del sufrimiento.
Pero el brillo de la perla
tan buscada,
y por fin encontrada,
hace resplandecer, en lo más hondo
de los abismos sin fondo,
un océano de alegría.

Una perla inestimable
está incrustada ahí,
en lo más hondo de mi corazón.
Es sufrimiento constante
porque su brillo me quema,
me consume
y me hiere.
Está ahí para recordarme siempre
las heridas de Jesús.
Todas las heridas
que le hicieron
y que traspasaron
lo más hondo de su corazón.

Una perla inestimable
está incrustada ahí,
en lo más profundo de mi corazón
para que nadie la vea.
Está escondida ahí.
Nadie me la podrá arrebatar.
Jesús es quien la ha puesto
con todo su amor,
su amor por toda la Iglesia.

Esa perla es única.
Nadie ha visto otra igual.

Es mi alegría completa
porque es el regalo del rey.

Es mi alegría completa
porque es el regalo del rey.
Es el amor de Jesús
que se ha alojado ahí.

FONDO EDITORIAL EDIBESA. 1998

LA BIBLIA (Libros, Casetes, Vídeos)

La Palabra de Dios es el alimento diario insustituible del cristiano. *Escuchar* la Palabra es el primer mandamiento de Dios a Israel: *¡Escucha, Israel!* En casa o de viaje, cuando te acuestes o te levantes...

LIBROS

- **Santa Biblia.** Edición interconfesinal popular. ¡Dios habla hoy! 1.550 págs. 1.500* ptas.
- **El Evangelio.** Textos de los Cuatro Evangelios para cada día del año. 100 ptas. (En cartoné, plastificado, con cinta: 500 ptas.). ¡Un millón de ejemplares!
- **Evangelio´99.** Texto de la misa diaria de 1999, calendario litúrgico, santoral. 200 ptas.
- **El Evangelio para cada día, (y Vocabulario evangélico popular).** Los Evangelios a lo largo del año, con abundantes índices y santoral. 326 págs. 750 ptas.
- **Los Santos Evangelios,** texto íntegro, traducción y notas de B. Martín Sánchez. 222 págs. 175 ptas.
- **El Nuevo Testamento,** traducción y notas de Dr. Martín Sánchez. 506 págs. 300 ptas.
- **Evangelio para nuestros mayores,** en letra grande, con reflexión **diaria,** encuadernado en cartoné, a dos colores. 2.100 ptas.
- **L'Evangeli de cada día,** edición catalana del anterior, 2 vols. 1.900 ptas.
- **Evangelios Concordados Ilustrados,** con láminas (A. Codesal). 550 ptas.

CASETES

- **«LA BIBLIA PARA ESCUCHAR»** en 48 casetes.
  Son 4 estuches de 12 casetes cada uno, con folleto:
  - Dos estuches del *Antiguo Testamento* (Salmos íntegros; resto, selección):
    1. PENTATEUCO. LIBROS HISTÓRICOS. SALMOS.
    2. NARRACIONES. SAPIENCIALES. POÉTICOS. PROFETAS.
  - Dos estuches del *Nuevo Testamento* (texto íntegro):
    3. EVANGELIOS. APOCALIPSIS.
    4. HECHOS DE LOS APÓSTOLES. CARTAS.
       – Precio de cada estuche (12 casetes): 7.000 ptas.
       – Precio de la obra completa, 4 estuches: 25.000 ptas.
- **«LOS EVANGELIOS»,** texto evangélico: 800 ptas.
- **«LAS PALABRAS DE JESÚS»,** todo lo que dijo el Señor, en 4 casetes. En bello estuche: 2.650 ptas.
- **«LOS SALMOS»,** grabados en 4 casetes, con estuche: 2.650 ptas.

AUDIOVISUAL

- **«EL EVANGELIO EN LOS MISTERIOS DEL ROSARIO».** Consta de **216 diapositivas** (16 para cada Misterio del Rosario: 4 de Tierra Santa, 4 de Pintores del Trescientos italiano, 4 de la vida actual). **Tres casetes** para la explicación-reflexión de las diapositivas: Misterios de Gozo, de Dolor y de Gloria. **Un folleto** con el guión. Todo ello, en un bello estuche. 7.500 ptas.

---

* Los precios incluyen el IVA

LIBROS

LIBROS VARIOS

- **El Evangelio para cada día.** Dividido en 365 fragmentos de los cuatro Evangelios, con el santoral y varios índices para su fácil manejo y para encontrar los textos, nombres, ideas... ¡Un pequeño *Diccionario* o *vocabulario* evangélico! 750 ptas.
- **Los cinco minutos de Dios.** Del claretiano Alfonso Milagro. 30 ediciones en Argentina. Ahora llega a España, con toda la frescura del primer día. 404 págs. 1.200 ptas.
- **Santo Domingo y su Orden,** por el padre Lacordaire. 220 págs. 1.200 ptas.
- **El Evangelio para nuestros mayores,** en letra grande. 500 págs. a dos colores, bella encuadernación. 2.100 ptas.
- **L'Evangeli de cada día,** edición catalana del anterior, 2 vols. 1.900 ptas.
- **El amor humano. Su sentido y su alcance.** A. López Quintás ofrece un curso de ética basado en el amor. 256 págs. 1.250 ptas. Grabado en 12 casetes, libro y casetes: 7.750 ptas.
- **La parroquia y el Camino Neocatecumenal,** por Jesús Higueras, párroco de la Paloma, Madrid. 144 págs. 1.200 ptas.
- **San Martín de Porres,** por fray Salvador Velasco. 9.ª edición. 390 págs. 1.200 ptas.
- **Misal Dominicano.** Todo el Misal Romano, más lo propio de la Orden de Predicadores. Dos tomos. Manual. 7.600 ptas.
- **Liturgia de las Horas O.P.** Los oficios comunes y los propios de los santos y beatos dominicos. 2.156 págs. 4.900 ptas.
- **Vive tu fe. ¡El Catecismo en crucigramas!** Esquema-guía para estudiar el Catecismo de la Iglesia católica. (3ª edición). Un método actualísimo, ágil y atractivo, para conocer a fondo el catecismo. Fichas, crucigramas, sopas de letras, tests, etc. 388 págs. 2.100 ptas.
- **Imitación de Cristo,** por **Tomás de Kempis.** La traducción española clásica de **fray Luis de Granada.** Bellamente encuadernado. 1.200 ptas.
- **La Cristíada,** de **fray Diego de Hojeda.** Edición de lujo, con 32 láminas a todo color de la vida de Cristo en el arte. Todas las 528 páginas, a dos colores con dibujos originales. 6.750 ptas.
- **Guía de la vida interior.** Josep Otón Catalán es un seglar. Pero su «guía», fruto de la experiencia de vida en comunidad de la Renovación Carismática, es válida para seglares, sacerdotes, religiosos y religiosas. 1.200 ptas.
- **Guía de la Cartujas de España,** por Luis Doeijo. Ayer y hoy de la Orden Cartujana en España, con ilustraciones en color. 248 págs. 1.300 ptas.
- **Sobre la marcha.** (2ª edición). Confesiones de un tetrapléjico que ama apasionadamente la vida, por Luis de Moya (4ª edición). 212 págs. 1.750 ptas. Grabado en 6 casetes, con libro: 4.500 ptas. Vídeo: 1.900 ptas.
- **El Evangelio en crucigramas,** por Lucía Caram, O.P.: un método ameno y actual de conocer el evangelio cada día y hacerlo vida: crucigramas, sopas de letras, test, ejercicios, etc. 614 págs. 2.500 ptas.
- **Ejercicios y pasatiempos de «El Evangelio en crucigramas».** 310 págs. con todos los ejercicios. 500 ptas.
- **Jesús, siempre y más.** Rafael de Andrés, S.J., ha recopilado 1.000 opiniones sobre Jesucristo, de todo tiempo y nación. 525 págs. 1.900 ptas.
- **Para salvarte,** del P. Jorge Loring, S.J.: ¡52 ediciones con más de un millón de ejemplares. El más completo compendio de la fe y la moral, actualizado, «para ellos y para ellas». 700 págs. 2.000 ptas.

LIBROS «DOCUMENTOS Y TEXTOS»

Libros encuadernados en cartoné, sobrecubierta con estampaciones en oro, de excelente presentación.

- **Encíclicas de Juan Pablo II.** (4ª edición). Todas las Encíclicas de Juan Pablo II. Con abundantes y prácticos índices, preparados por José A. Martínez Puche. 1.578 páginas. 5.750 ptas.

- **Diccionario social y moral de Juan Pablo II.** Pedro Jesús Lasanta ha recogido todas las enseñanzas sociales de Juan Pablo II, sobre política, trabajo, familia, vida humana, valores, en 2.210 textos. 734 págs. 3.900 ptas.
- **Documentos sinodales.** Textos de las once Asambleas del Sínodo de los Obispos (generales y extraordinarias). Discursos y mensajes, documentos del Sínodo de los Obispos y las siete *«Exhortaciones Apostólicas»*. Dos tomos.1.720 páginas, con prácticos y detallados índices: 7.750 ptas.
- **Diccionario teológico y espiritual de Juan Pablo II.** Pedro Jesús Lasanta recoge la doctrina teológico-espiritual de los primeros 18 años de pontificado del Papa en un volumen de 1.268 páginas, con 5.000 textos, 5.300 ptas.
- **Encíclicas de Pablo VI.** Todas las Encíclicas del Papa del Concilio, más la Exhortación «Evangelii nontiandi» con detallados índices. 450 págs. 3.750 ptas.
- **Diccionario social de los Padres de la Iglesia.** La impresionante doctrina social de los Santos Padres, en una antología de textos inmortales, en forma de diccionario, por Restituto Sierra Bravo. 420 págs. 2.900 ptas.
- **Los ejercicios espirituales de San Ignacio de Loyola.** Comentario y textos afines. Por Darío López Tejada, S.J. 1.075 págs. 4.900 ptas.

LIBROS «VIDA Y MISIÓN»

- **Religiosos para la Nueva Evangelización.** Religiosas y religiosos, testigos de Jesús, ante el tercer milenio. Autor: Pedro Jesús Lasanta. 304 págs. 1.900 ptas.
- **A la escucha del Cardenal Congar,** por Juan Bosch, O.P. Trayectoria del gran teólogo dominico que se adelantó al Vaticano II y fue perseguido por su doctrina que es la del Concilio. Bibliografía completa: más de 1.700 obras. 290 págs. 1.900 ptas.
- **Espiritualidad dominicana,** por Felicísimo Martínez. Ensayos sobre el carisma y la misión de la Orden de Predicadores. Principios y criterios, válidos para otras Órdenes. 258 págs. 1.900 ptas.
- **El Espíritu que ungió a Jesús.** Teología del Espíritu Santo, por Armando Bandera, O.P. Actualidad de la doctrina de Tomás de Aquino sobre el Espíritu Santo. 374 págs. 2.900 ptas.
- **Historia de la Orden de Predicadores.** La Orden dominicana con sus congregaciones, por Delfín Castaño. 220 págs. 1.900 ptas.
- **El vacío del posconcilio,** por José Esparza, O.P. Una experiencia en parroquias rurales: parroquia «comunidad de comunidades». 310 págs. 1.900 ptas.
- **Despertar con Dios.** «Un canto a la vida y a la esperanza». Ángel Galindo, decano de Teología en Salamanca con las monjas dominicas de Segovia, presentan las *homilías-reflexiones* del ciclo «B» (1997, 2000), 210 páginas. 1.900 ptas.
- **Jesús. He aquí el Hombre.** Semblanzas de Jesús, por Maximiliano García Cordero, O.P. Respuestas claras a los interrogantes sobre Cristo: su alma, sus semblanzas espiritual, moral e intelectual, su inteligencia y psicología, su cuerpo, su actitud frente a la vida. 220 págs. 1.450 ptas.
- **El Misal de Pablo VI,** por P. Farnés, D. Borobio, J. Bernal, J. Aldazábal, etc. Estudios sobre la misa del postconcilio: lo que se ha avanzado y lo que falta. 316 págs. 1.900 ptas.
- **Saliendo al «paso» del Señor.** Comentarios bíblicos a los «pasos» de la Semana Santa, por J.M. Alcácer, profesor de Sagrada Escritura. 187 págs. 1.350 ptas.
- **Las estrellas se ven de noche:** Diario de «Lolo» (Manuel Lozano Garrido), en la plenitud de vida del periodista cristiano, inválido y ciego. 330 págs. 950 ptas.
- **Memorias de María, Memorias de Juan.** La vida de Jesús, contada por la Madre y el Discípulo. Samuel Valero ofrece una original *Vida de Jesús,* siguiendo los Evangelios y las costumbres de la época. 252 págs. 1.500 ptas.
- **Despertar con Dios. Búsqueda y encuentro. Homilías «Ciclo C».** El decano de teología de Salamanca, Ángel Galindo García, y las monjas dominicas de Segovia, ofrecen unas explendidas reflexiones-homilías para 1998. 236 págs. 1.900 ptas.
- **Milenarismos. El cristianismo en la encrucijada del año 2000.** Sebastián Fuster, catedrático de teología en Valencia, presenta la historia de los milenarismos para iluminar en cristiano el umbral del tercer milenio. 244 págs. 1.900 ptas.
- **Seguidores de Jesús en el umbral del 2000. Diagnóstico del catolicismo español,** por Francisco Azcona, director de la Oficina de Estadística y Sociología de la Iglesia. 1.000 ptas.
- **La Iglesia habla de María.** 50 años de documentos marianos pontificios, de Pío XII a Juan Pablo II. Buenos índices. 500 págs. 950 ptas.

- **Recuperar la fiesta en la Iglesia.** Talante festivo del cristianismo: vida, Pascua, domingo. Por L. Carlos Bernal. 400 págs. 950 ptas.
- **Las intransigencias de Teresa de Jesús.** Humanidad y rectitud en la pedagogía teresiana, por Julio Rouco, O.C.D. 251 págs. 1.900 ptas.
- **Memorias de Jesús.** Francisco de Mier, C.P., pone a Jesús en diálogo con los personajes clave del Antiguo y del Nuevo Testamento: sus raíces, sus encuentros, sus memorias, incluída. 426 págs. 2.500 ptas.
- **Dios Padre. Vocabulario de Juan Pablo II.** J. A. Martínez Puche ha recogido las enseñanzas del Papa sobre el Padre Dios, en relación con la vida del hombre. Más la «Dives in misericordia», con índices. 230 págs. 950 ptas.
- **A tiempo y a destiempo.** Reflexiones homiléticas para los tres ciclos litúrgicos, por Manuel Elvira Ugarte, párroco en Pamplona. 420 págs. 2.500 ptas.
- **Despertar con Dios. Libertad en el hondón de la caridad.** Reflexiones para domingos y fiestas del ciclo «A», por Ángel Galindo y las monjas dominicas de Segovia. 1.750 ptas.
- **El poema de Jesús.** El Evangelio en verso, por María Teresa Reyero, clarisa. 378 págs., con láminas en color. 1.900 ptas.
- **Francisco de Vitoria y su «Relección sobre los Indios»**. Los derechos de los hombres y de los pueblos; por Ramón Hernández, O.P. Homenaje a Vitoria, padre del Derecho Internacional, en el 50° Aniversario de la Declaración de los Derechos Humanos. 200 págs. 1.500 ptas.

LIBROS «PALABRA. VIDA. ORACIÓN»

- **San Pablo cuenta su vida.** La auténtica personalidad de Pablo, su vida, sus cartas, por Luis López de las Heras, O.P. 775 ptas.
- **El Credo,** por Santo Tomás de Aquino. Trad. por Manuel Ortega 775 ptas.
- **El Padrenuestro,** por Santo Tomás de Aquino. Traducción por Manuel Ortega. Apéndice: «El Avemaría» de Santo Tomás. 775 ptas.
- **El Avemaría.** Un estudio bíblico, teológico y espiritual de Avemaría, por Luis López de las Heras, O.P. 775 ptas.
- **Orando entre llamas.** Una experiencia de oración. Antología de textos, de M. Teresa M.ª Ortega. 1.200 ptas.
- **Toma tu cruz y sígueme.** Ricardo Cuadrado Tapia. Dos partes. La primera, dedicada a los enfermos. La segunda, es el nuevo Vía crucis con su complemento, el Vía-lucis. 150 págs. 775 ptas.
- **La Vida Consagrada.** Exhortación Apostólica postsinodal de Juan Pablo II. 222 págs, 625 ptas.
- **Quince cartas a un padre preocupado** (3.ª edición). Venancio-Luis Agudo, periodista y padre de familia numerosa, aborda todos los problemas de la formación de los hijos, con experiencia y estilo. 150 págs. 775 ptas.
- **Padre, Hijo y Espíritu Santo.** Encíclicas sobre Dios y «Tertio millennio adveniente», con abundantes índices. 432 págs. 850 ptas.
- **El alma de la Legión de María.** Delfín Castañón, O.P., buen conocedor del carisma y de la vida de la Legión de María, se adentra en el alma de la Legión. 110 págs. 775 ptas.
- **Escuela de Padres en casa.** (3ª edición). La experta pedagoga Nieves Martínez ofrece elementos y métodos utilísimos para la educación desde la familia y el diálogo. 212 págs. 1.200 ptas.
- **Los frutos de la siembra de Madre Maravillas.** Baldomero Jiménez Duque. Catorce carmelitas ejemplares, hijas de la Beata Maravillas de Jesús,116 págs. con láminas. 775 ptas.
- **Sor Teresita del Niño Jesús, O.P.** Semblanza espiritual de todo un carácter: alegría contagiosa en el sufrimiento y la entrega, por Lorenzo Galmés. 120 págs. Láminas color. 850 ptas.
- **Adorar con María.** Por Marie-Benoîte Angot. La fundadora del Movimiento «Casas de Adoración». María es el modelo de la oración más perfecta. 139 págs. 850 ptas.
- **El Rosario, oración de un corazón en vela.** Por Emilio Cárdenas, marianista. Conversaciones con un joven que no rezaba el rosario. 130 págs. 850 ptas.
- **El día del Señor.** Carta apostólica «Dies Domini» de Juan Pablo II, para la santificación del domingo. 450 ptas.

LIBROS «EDIBESA DE BOLSILLO»

- **El Evangelio.** 365 textos de los cuatro Evangelios por orden cronológico, para cada día del año, con el santoral selecto, 20.ª edición (¡Más de un millón de ejemplares!), 100 ptas. En cartoné, 500 ptas.
- **Evangelio '99.** Texto del Evangelio de la Misa de cada día de 1999, «Año de Dios Padre», calendario litúrgico completo y santoral. 200 ptas.
- **Bien venido, amor.** Por Manuel Lozano Garrido, «Lolo». Inválido, ciego, periodista y escritor, ofrece un millar de pensamientos profundos, sugestivos, actuales. 180 págs. 300 ptas.
- **Tu Palabra me da vida.** 1.000 pensamientos de la Biblia. por Julio Sáinz Torres, CMF. Antología bíblica en mil puntos. 240 págs. 500 ptas.
- **Lolo, un cristiano.** Semblanza espiritual de Manuel Lozano Garrido, «Lolo», por Pedro Cámara. 190 págs. 400 ptas.
- **Síntesis de la moral católica.** Siguiendo el nuevo Catecismo de la Iglesia Católica, en lenguaje claro y conciso, presentado por los dominicos de Bolqnia en forma de preguntas y respuestas. 170 págs. 750 ptas.
- **El Espíritu Santo. Doce catequesis.** Sebastián Fuster. 120 págs. 500 ptas.
- **Los doce mensajes del Papa a Cuba.** 63 págs. 200 ptas.
- **Sugerencias sacerdotales.** Reflexiones, pensamientos, para vivir el sacerdocio en plenitud, por Baldomero Jiménez Duque. 190 págs. 775 ptas.
- **Amor y misericordia de Dios nuestro Padre.** Según Juan Pablo II, por Pedro Jesús Lasanta. 170 págs. 775 ptas.
- **Padre mío y Padre vuestro. doce catequesis sobre el Padre.** Por Sebastián Fuster, O.P. 125 págs. 550 ptas.

COLECCIÓN «GRANDES FIRMAS EDIBESA»

OBRAS DE JOSÉ MARÍA PEMÁN

- **OBRAS DE JOSÉ MARÍA PEMÁN. Antología Primera.** *Los siete libros siguientes en bello estuche: sólo 9.800 ptas. (en lugar de 12.450 ptas.).*

- **La Navidad de Pemán.** Poesía y deliciosa prosa ante el Portal. 130 págs. 1.200 ptas.*
- **La Pasión según Pemán.** Profundidad, elegancia, sentimiento y fe. 147 págs. 1.200 ptas.
- **Pemán habla de la Virgen.** Libro «Lo que María guardaba en su corazón», poemas, discursos, artículos marianos. 348 págs. 2.200 ptas.
- **El Divino Impaciente, Si me quieres o me dejas, El Gran Cardenal.** Tres obras del mejor teatro. 349 págs. 2.200 ptas.
- **Las flores del bien, De la vida sencilla y otras obras poéticas.** Antología de la mejor poesía española. 317 págs. 1.950 ptas.
- **Los testigos de Jesús.** Personajes que cambiaron la Historia vistos por Pemán: del Bautista a Stepinac, de Pedro a Pío XII, de la Magdalena a Teresa de Jesús. 174 págs. 1.500 ptas.
- **A la luz del misterio.** Y otros escritos sobre Dios, la Iglesia, el hombre, la vida. 374 págs. 2.200 ptas.

- **OBRAS DE JOSÉ MARÍA PEMÁN. Antología Segunda.** *Los diez libros siguientes en bello estuche al precio especial de 15.000 ptas. (en lugar de 20.700 ptas.).*

- **El Séneca y sus puntos de vista.** Artículos sobre los temas de filosofía popular sobre la actualidad. 189 págs. 1.500 ptas.
- **Mis mejores artículos.** Ochenta artículos de Pemán, muchos seleccionados por él mismo para la antología «Signo y viento de la hora». 325 págs. 2.200 ptas.
- **De las letras y las artes.** Casi todos los escritores y artistas de su tiempo, más otros de siglos pasados: el mundo literario y artístico, y sus protagonistas. 395 págs. 2.500 ptas.
- **Mis almuerzos con gente importante.** Pemán habla de los más importantes personajes de este siglo: de Alfonso XIII a Juan Carlos I, de Primo de Rivera a Fraga, de Benavente a Menéndez Pidal... 228 págs. 1.750 ptas.

- **Mis encuentros con Franco.** Un libro prohibido por Franco que sólo pudo publicarse después de su muerte. 175 págs. 1.500 ptas.
- **El Séneca en televisión.** Los guiones de la serie que conmocionó a España. 224 págs. 1.750 ptas.
- **Poesía selecta.** Selección de sus mejores poesías no editadas en otros tomos. 225 págs. 1.750 ptas.
- **Teatro selecto.** «Cuando las cortes de Cádiz», «La casa» «Edipo» y otras cuatro obras teatrales. 580 págs. 3.100 ptas.
- **Andalucía.** «La eternamente vencedora», «Barrio de Santa Cruz», «Señorita del mar» y otros temas andaluces. 500 págs. 2.900 ptas.
- **Apuntes autobiográficos.** La «Confesión general» y otros escritos en la que habla de su vida y su obra. 221 págs. 1.750 ptas.

OBRAS DE JOSÉ LUIS MARTÍN DESCALZO

- **María de Nazaret**. Antología de comentarios, poemas y programas sobre la Virgen, en «Pueblo de Dios» (TVE). 2.ª edición. 140 págs. 1.300 ptas.
- **Yo amo a la Iglesia.** Lo mejor que sobre la Iglesia y sus miembros, –de los seglares a los Papas–, escribió para TVE. 290 págs. 1.950 ptas.
- **Días grandes de Jesús,** (Navidad, Semana Santa. Pascua. Los Santos). 300 págs. 1.950 ptas.
- **Para mí la vida es Cristo.** Visión actual de la vida cristiana. 278 págs. 1.950 ptas.
- **Relatos de un cura joven, 1. Al filo de la Palabra.** Los mejores «Folletos» del joven Martín Descalzo, de tema bíblico. 196 págs. 1.500 ptas.
- **Relatos de un cura joven, 2. Cristianos para nuestro tiempo.** Los «Folletos» sobre los distintos estados de la vida cristiana. 204 págs. 1.500 ptas.

- **Ser cristiano en un mundo hostil,** por Vittorio Messori. El famoso periodista italiano afronta la actualidad del cristianismo de hoy, partiendo de la situación del siglo XIX, con un protagonista: Francisco Faà de Bruno. 198 págs. 1.750 ptas.
- **Unidas hasta la muerte.** José Luis Gutiérrez García traza el perfil biográfico y espiritual de las siete salesas martirizadas en 1936. 320 págs. con láminas en color. 2.300 ptas.
- **Testigos del Espíritu.** Los nuevos líderes católicos y sus movimientos: Kiko Argüello, Chiara Lubich, Giussani, etc. 2ª edición. 350 págs. con láminas en color. 2.500 ptas.

LIBROS «HORIZONTE DOS MIL»

Serie de textos y monografías, escritos por dominicos españoles, en coedición con San Esteban. Primeros títulos:

- **Para comprender mejor la fe.** Una introducción a la teología. Por Jesús Espeja. 178 págs. 1.500 ptas.
- **Jesucristo, revelación del misterio del hombre.** Ensayo de antropología teológica. Por Martín Gelabert. 266 págs. 2.200 ptas.
- **Teología Fundamental.** Dar razón de la fe cristiana. Por Felicísimo Martínez 280 págs. 2.250 ptas.
- **Misterio trinitario.** Dios, desde el silencio y la cercanía. Por Sebastián Fuster. 298 págs. 2.500 ptas.
- **Dignidad y aventura humana.** Por Abelardo Lobato. 274 págs. 2.200 ptas.
- **La Eucaristía del Nuevo Testamento:** «Una obra que honra a la exégesis española», por José Luis Espinel Marcos. 300 pág. 2.500 ptas.
- **La belleza de María.** Ensayo de teología estética, por Miguel Iribertegui Eraso. 454 págs. 3.200 ptas.

- **Nuestro arquetipo humano.** Trazos de su razón soberana, por Eladio Chávarri López de Dicastillo. 282 pág. 2.300 ptas.
- **Claves para leer los Evangelios Sinópticos.** Por Gerardo Sánchez Mielgo. 280 págs. 2.300 ptas.
- **Introducción al estudio de los Salmos.** Por Jesús García Trapiello. 190 págs. 1.700 ptas.
- **Evangelio según San Juan.** Introducción, traducción y comentario, por José Luis Espinel Marcos. 284 págs. 2.400 ptas.
- **El Pentateuco.** Historia y sentido, por Ángel García Santos. 292 págs. 2.500 ptas.

CASETES

CASETES DE ESPIRITUALIDAD

PARA REZAR

Cuando se está solo, en el coche, en casa, enfermo, en cama..., durante el trabajo manual.

- **El Rosario.** Comentario bíblico y rezo de los 15 Misterios. ¡350.000 ejemplares editados! 650 ptas.
- **Sant Rosari.** Edición catalana de «El Rosario». 650 ptas.
- **El Rosario del Papa (y Vía Crucis).** Juan Pablo II comenta y reza en castellano todo el Rosario. Breve Vía Crucis. 2 casetes, 1.300 ptas.
- **Rosario con Juan Pablo II.** Reflexiones y rezo por el Papa de los 15 Misterios. 800 ptas.
- **Vía Crucis.** Eminentemente bíblico, plenamente actual. Con texto impreso. 1.000 ptas.
- **Los Salmos.** Los 150 Salmos, oración de Israel y de la Iglesia, grabados en cuatro casetes y presentados en bello estuche, con folleto-guía. 2.650 ptas.

PARA REFLEXIONAR, PARA MEDITAR

- **Las Palabras de Jesús.** Todo lo que dijo el Señor, en 4 casetes. En bello estuche: 2.650 ptas.
- **Rafael, monje trapense.** Todo lo que escribió el hermano Rafael Arnaiz, en 12 casetes. Presentado en bello estuche: 6.750 ptas.
- **Hermano Rafael. Escritos selectos.** Antología, en dos casetes, con estuche: 1.600 ptas.
- **Por el camino del silencio.** 4.ª edición. Trece meditaciones para retiros, ejercicios o reflexión, por el P. Jaume Boada. Estuche con cuatro casetes y folleto: 2.650 ptas.
- **Sube al monte de Dios.** 3.ª edición. Meditaciones. Pautas para una experiencia de desierto, por el P. Jaume Boada. Estuche con cuatro casetes y folleto: 2.650 ptas.
- **En el corazón de la Trinidad,** 3.ª edición, por Jaume Boada. Meditaciones para días de retiro: una experiencia de desierto. Estuche con 4 casetes y folleto: 2.650 ptas.
- **El Peregrino orante.** 3.ª edición. Una escuela de oración. Catorce charlas del P. Jaume Boada, para días de retiro o reflexión. Estuche con cuatro casetes y folleto: 2.650 ptas.
- **Diálogos de Pasión,** de José Luis Martín Descalzo. Jesús habla con los personajes de la Pasión, con el Padre, con María, con los Apóstoles con Satanás. 800 ptas.
- **Discípulo del silencio.** Valor del silencio para el hombre actual. Diálogos de Jesús Quintero y el P. José Moratiel. 800 ptas.
- **Palabras desde el silencio.** Dos casetes. 1: Silencio exterior, silencio interior. 2: De la Palabra a la vida. Por el P. José Moratiel. 1.300 ptas.
- **Encuentros en el silencio.** Silencios positivos y negativos. Diálogos del P. Moratiel con Jesús Quintero. 800 ptas.
- **Escuela de silencio.** Las cuatro casetes del P. José Moratiel, citados anteriormente, en bello y práctico estuche. 2.650 ptas.

Y los «Audiolibro» de tema espiritual del bloque 3, a continuación:

CASETES «AUDIOLIBRO»: LIBROS PARA OÍR

Son libros generalmente clásicos, grabados en casetes por profesionales. Primeros títulos en castellano:

- **Lazarillo de Tormes.** Anónimo. Obra clásica popular. 800 ptas.
- **Libro de la Vida,** de Santa Teresa de Jesús. Es su mejor obra. 2 casetes: 1.500 ptas.
- **La vida es sueño,** de Calderón de la Barca. 850 ptas.
- **Historia de España,** de Teresa Uriburu. Magnífico compendio. 2 casetes: 1.500 ptas.
- **El Ingenioso Hidalgo Don Quijote de la Mancha,** de Miguel de Cervantes, obra cumbre de la literatura universal. 4 casetes, con libro y estuche: 3.050 ptas.
- **Cantar de Mío Cid,** en los inicios de la Lengua Castellana. 800 ptas.
- **Los Evangelios,** concordados de los cuatro relatos evangélicos. 800 ptas.
- **Vida de Cristo,** de Fray Luis de Granada. 800 ptas.
- **Fuente Ovejuna,** de Lope de Vega. 800 ptas.
- **Cántico Espiritual,** de San Juan de la Cruz. 4 casetes, con estuche: 3.050 ptas.
- **Historia de Madrid,** de Teresa Uriburu. La mejor síntesis. 2 casetes, 1.500 ptas. Casetes con texto impreso: 1.850 ptas. 2 Compact Disc más libro: 2.500 ptas. Libro solo: 550 ptas.
- **Isabel la Católica,** promotora del Descubrimiento de América. 800 ptas.
- **Santa Teresa.** Biografía dramatizada. 800 ptas.
- **Historia de un alma.** La autobiografía de Santa Teresa del Niño Jesús, que descubrió a la humanidad un camino sencillo de encarnar el Evangelio. 2 casetes, 1.500 ptas.
- **El amor humano,** de Alfonso López Quintás.12 casetes, estuche y libro con el texto: 7.750 ptas.
- **La grandeza del Amor.** A. López Quintás expone la grandeza del verdadero amor, y el sentido del noviazgo y del matrimonio. 800 ptas.
- **Es Cristo que pasa,** del Beato Josemaría Escrivá de Balaguer. Homilías reflexiones para todo el año litúrgico, grabadas en nueve casetes, con el libro. En bello estuche: 5.500 ptas. Cada casete suelto: 800 ptas.
- **Es Cristo que pasa,** del Beato José María Escrivá de Balaguer, en nueve C. D. 7.750 ptas.
- **San Pablo cuenta su vida,** por Luis López de las Heras. 2 casetes: 1.500 ptas.
- **Confesiones,** de San Agustín. La obra cumbre del gran maestro: autobiografía, doctrina, oración. Dos casetes: 1.500 ptas.
- **La Madre Maravillas.** Vida y mensaje de la Carmelita fecunda en fundación de monasterios y en doctrina espiritual. 800 ptas.
- **El Divino Impaciente,** obra maestra de José María Pemán sobre San Francisco Javier, en versión íntegra. 2 casetes: 1.500 ptas.
- **Poemas eucarísticos y marianos.** Sección de los principales poetas españoles y declamación, por José Luis Gago, O.P. 800 ptas.
- **El día que Jesús no quería nacer.** Cuento de Navidad de Antonio García Barbeito. Con el texto impreso: 1.000 ptas.
- **San Francisco de Sales, testigo de amor.** Vida y mensaje del patriarca de la Familia Salesiana. Con texto impreso: 1.000 ptas.
- **Genoveva. Una vida de sufrimiento y amor.** Vida y mensaje de la B. Genoveva Torres, fundadora de las Angélicas. Guión: P. Javier Sagüés, S.J. 2 casetes con folleto: 1.600 ptas.
- **Sor Teresita.** Semblanza de Sor Teresita del Niño Jesús Pérez de Iriarte. Con texto impreso: 2.000 ptas.
- **Sobre la marcha.** Un tetrapléjico que ama la vida. La asombrosa experiencia de Luis de Moya, contada en su libro autobiográfico y grabada en casete. Estuche con 6 casetes y libro: 4.500 ptas.
- **Santa Margarita María y el Corazón de Dios.** Vida y mensaje de Santa Margarita María Alacoque. 2 casetes con librito: 2.000 ptas.
- **Los poemas de Pemán.** A los poemas que grabó Pemán con su propia voz se añade una nueva antología. 1.000 ptas.
- **Diario del alma.** Lo mejor de la autobiografía de Juan XXIII. Con texto impreso: 1.000 ptas.

CASETES MUSICALES

- **Salve Madre.** Los cantos marianos más tradicionales, populares y polifónicos. 1.400 ptas.
- **María Madre del 2000.** Canciones nuevas a Santa María, por Antonio Gutiérrez. 1.400 ptas. Folleto con letra y música: 375 ptas.
- **Ofrenda musical a María** (Salve Marinera, Salve popular, etc. Disco L.P.: 800 ptas. Casete: 1.000 ptas.
- **Órgano de Covarrubias.** Piezas clásicas españolas de órgano. 800 ptas.
- **Domingo de Caleruega.** Canciones a Santo Domingo, a su pueblo, a su orden, por Alberto Iglesias. 1.400 ptas.
- **Santo y vasco.** Canciones de A. Iglesias a San Valentín de Berriochoa, copatrono de Vizcaya. 1.400 ptas.
- **Euskaldun-Deun.** Versión en euskera de «Santo y vasco» 1.400 ptas.
- **Los mejores villancicos,** cantados por los Coros de las Escuelas Avemarianas: 24 villancicos. Dos casetes: 2.100 ptas.
- **Navidad con Paul Mauriat.** Con su gran orquesta, interpreta los villancicos más famosos. 1.400 ptas.
- **Cantos eucarísticos.** «Cantemos al amor de los amores», «De rodillas» y otros cantos populares y polifónicos. 1.400 ptas.
- **Al Dios de mi alabanza.** Cantos para la Eucaristía: alabanza, entrada, la Palabra, aleluya, ofertorio, adoración, acción de gracias... por Antonio Gutiérrez. 1.400 ptas. **Folleto** con letra y música: 375 ptas.
- **Salmos, remanso del alma.** Los mejores Salmos, con música que llega al alma, por Antonio Gutiérrez. 1.400 ptas. **Folleto** con letra y música: 375 ptas.
- **Al partir el pan.** Doce cantos de Eucaristía, con música del ya famoso Antonio Gutiérrez. ¡La Misa recupera el clima de fiesta comunitaria! 1.400 ptas. **Folleto** con letra y música: 375 ptas.
- **Seguir a Jesús.** Canciones de P. Javier Sagüés, S.J., con letra de una antología de pensamientos de la B. Genoveva Torres, fundadora de las Angélicas. 2 casetes, 2.200 ptas.
- **Música, oración y calma, (1 y 2).** La música instrumental de «Salmos, remanso del alma» y «Al partir el pan», para crear un ambiente de serenidad. Dos casetes, a 1.000 ptas. cada una.
- **Vamos a Javier. Javierada musical.** Himnos y cantos a San Francisco Javier. Casete con catequesis: 1.400 ptas. CD: 1.500 ptas. Folleto con letra y música: 600 ptas.
- **Espíritu Santo ¡ven!** La mejor teología bíblica, hecha canción para orar, por Vicente Borragán, O.P.: 1.400 ptas. Folleto músical: 375 ptas.
- **A la lumbre del Portal-2.** La gran novedad del grupo Tahona: lo mejor de la tradición navideña de Castilla y León. Casete: 1.400 ptas. CD: 2.200 ptas.
- **Ignacio de Loyola.** Tras el rastro de Jesús, gran musical ignaciano, de P. Javier Sagüés, S.J. Dos casetes con libreto: 2.500 ptas. 1 CD con libreto: 2.750 ptas.

CASETES BIOGRAFÍAS, CUENTOS, CANCIONES

Casetes con la biografía dramatizada de los «Forjadores del Nuevo Mundo», a 775 ptas.

- **Bartolomé de las Casas** (1474-1566). Dominico andaluz.
- **Pedro de Córdoba** (1482-152 l). Dominico andaluz.
- **Toribio de Benavente, «Motolinía».** Franciscano castellano.
- **José de Anchieta** (1534-1597). Jesuita canario.
- **Pedro Claver** (1581-1654). Jesuita catalán.
- **Junípero Serra** (1713-1784). Franciscano mallorquín.
- **Los mejores cuentos mejor contados:** Caperucita, Cenicienta, Pulgarcito, Blancanieves. 1.000 ptas.
- **Canciones de corro.** Las 18 más famosas canciones infantiles españolas de todos los tiempos. 1.000 ptas.
- **Historia de una escoba.** Dramatización literario-musical de la vida y milagros de San Martín de Porres, contado por la inseparable escoba. 800 ptas.

VÍDEOS

Los vídeos están en sistema PAL, para España, parte de Europa y Cono Sur de América. De algunos se ha hecho edición NTSC: para América y Extremo Oriente. Se indica al final de cada título.

VÍDEOS PARA CATEQUESIS Y CLASES DE RELIGIÓN

- **La Sábana Santa.** Estudio de la Sábana Santa de Turín, por el P. Jorge Loring, S.J. 4.000 ptas.
- **La Pascua de Jesús y de su pueblo.** Celebración de la Pascua, bautismos por inmersión y catequesis sobre Pascua y Bautismo. 1 hora, 3.900 ptas. *(NTSC.: 4.500 ptas. o 40 dólares).*
- **El Paso de Jesús.** De la Última Cena a la Ascensión, con bellísimas imágenes, actualidad y enseñanza. Guión: J. L. Martín Descalzo. 75 minutos, 3.900 ptas. *(NTSC: 4.500 ptas. o 40 dólares).*
- **Lo que María guardaba en su corazón.** El Evangelio contado por la Virgen, imágenes de Tierra Santa: Guión: J. L. Martín Descalzo. 1 hora, 3.500 ptas. *(NTSC: 4.500 ptas. o 40 dólares).*
- **Los Mandamientos. Diez caminos de libertad.** Tres vídeos, cinco horas, exposición actual de los Mandamientos. Guión: J. L. Martín Descalzo. 7.900 ptas., 3 vídeos. *(NTSC: 9.500 ptas. o 90 dólares).*
- **Las raíces de nuestra fe.** Siete capítulos-reportajes sobre los 2.000 años de cristianismo en España. Guión: J. L. Martín Descalzo y J. A. Martínez Puche. 5.900 ptas., 2 vídeos.
- **El Credo de nuestra fe.** Dos vídeos de larga duración sobre los artículos del Credo. Abundantes testimonios. Guión: J. L. Martín Descalzo. 2 horas, 5.900 ptas., 2 vídeos. *(NTSC: 6.500 ptas. o 60 dólares).*
- **Los Papas de nuestro tiempo.** De Pío XII a Juan Pablo II. Imágenes históricas. Guión: J. L. Martín Descalzo. 2 horas, 4.900 ptas.
- **El arte y la fe.** A través de «Las Edades del Hombre» (Valladolid) y «Millenum» (Barcelona). Bellísimas imágenes y poemas de J. L. Martín Descalzo. 70 minutos, 2.900 ptas.
- **Partidos políticos y cristianismo.** Los principales partidos (PSOE, PP, IU, CIU, PNV y Coalición Canaria), y seis coloquios con sus dirigentes. 150 minutos, 2.900 ptas.
- **Amor y sexualidad.** Vídeo y libro-guía del monitor para talleres de orientación sexual inspirados en el libro de A. López Quintás «El amor humano». Autores: Fernando del Castillo, Nieves Tomillo y Alfonso Carvajal. 3.500 ptas.

SERIE DE PERSONAJES DE LA BIBLIA

Con guiones de J. L. Martín Descalzo y José A. Martínez Puche, imágenes de Tierra Santa, intervención de Dolores Aleixandre (Univ. Comillas), José Román Flecha (decano Teología Univ. Salamanca), Carmen de Miguel y Pedro Fernández Reyero. Además de «el Personaje» **–Jesucristo, el Señor–**, se ofrece el ayer y el hoy de:

María y José	**Judas**	**Jacob**
Juan Bautista	**Pablo**	**Moisés**
Pedro	**Adán y Eva**	**David**
Juan Evangelista	**Noé**	**Elías**
M.ª Magdalena	**Abraham**	**Judit**

La duración oscila entre 22 y 30 minutos, a 1.900 ptas. cada uno.

- Edición de los 7 Personajes del Nuevo Testamento en un vídeo:

- **Los grandes Personajes de la Biblia. Nuevo Testamento.** 3 horas. 6.900 ptas.

- Edición de los 8 Personajes del Antiguo Testamento en dos vídeos:

- **Los grandes Personajes de la Biblia. Antiguo Testamento / 1:** Los orígenes (Adán y Eva, Noé, Abraham): 4.900 ptas.
- **Los grandes Personajes de la Biblia. Antiguo Testamento / 2:** La historia de Israel. Jacob, Moisés, David, Elías y Judit. 5.900 ptas.

- El Personaje, Principio y Fin, Alfa y Omega:

- **Jesucristo, el Señor:** Tres partes: Jesús, Dios se hace hombre; Cristo, el hombre que pasó haciendo el bien; Jesucristo, el que murió y resucitó. 75 minutos, 3.500 ptas.

- También está en tres vídeos:

- **Jesús: Dios se hace hombre.** Nacimiento e infancia. 1.900 ptas.
- **Cristo: el hombre que pasó haciendo el bien.** Vida pública. 1.900 ptas.
- **Jesucristo: el que murió y resucitó.** 1.900 ptas.

VÍDEOS MARÍA Y LOS SANTOS

VÍDEOS MARIANOS

- **Lo que María guardaba en su corazón.** El Evangelio contado por la Virgen, imágenes de Tierra Santa. Guión: J. L. Martín Descalzo. 1 hora, 3.900 ptas. (NTSC: 4.500 *ptas. o 40 dólares).*
- **España, tierra de María.** Un recorrido por los santuarios marianos (arte, historia, devoción) de las 17 Comunidades Autónomas. 92 minutos, 3.900 ptas. *(NTSC: 4.500 ptas. o 40 dólares).*
- **Virgen de la Candelaria.** Todo en torno a la Patrona del archipiélago canario. 55 minutos, 2.900 ptas.
- **Veinte siglos de amor a María.** Teología, historia, arte y devoción mariana. Guión J. L. Martín Descalzo y J. A. Martínez Puche. 90 minutos, 2.900 ptas.
- **Fátima. Historia. Actualidad. Mensaje de paz.** Filmado el 13 de mayo en Fátima, con testimonios de los hermanos de los videntes, ofrece la auténtica dimensión del fenómeno Fátima. Guión: José A. Martínez Puche. Ediciones en español, portugués, francés, inglés e italiano. 45 minutos, 2.900 ptas. *(NTSC: 3.500 ptas. o 30 dólares).*
- **De Fátima a Medjugorje.** Un vídeo de Giulio Frascarolo (Medjugorje-Torino) en el que van conjugándose los acontecimientos históricos del siglo XX con los mensajes de Fátima y el testimonio de los jóvenes de Medjugorje (Marija, Ivan, Vicka, Jelena y Mirjana). Una hora, 2.900 ptas.

LOS SANTOS DE AYER Y DE HOY, EN VÍDEO

Además de los 19 vídeos de *Grandes Personajes de la Biblia* (ver Sección 7), los siguientes:

- **Tras los pasos de Javier.** Dos vídeos y un CD, siguiendo las huellas del Patrón de las Misiones. 4.995 ptas.
- **Cinco grandes santos.** En un solo vídeo están editados los cinco que van a continuación, sobre los santos Domingo, Francisco, Catalina, Antonio y Teresa. Películas de Frank Brittain. 140 minutos, 5.900 ptas.

- **Domingo de Guzmán y los dominicos.** A la película de Frank Brittain se añade un reportaje de J. A. Martínez Puche. 75 minutos, 2.900 ptas. *(NTSC: 3.500 ptas o 30 Dólares).*
- **San Francisco deAsís.** Filmado en Asís y lugares franciscanos, con guión y dirección de Frank Brittain igual que los tres siguientes. 28 minutos, 2.900 ptas.
- **Santa Catalina de Siena.** Filmado en Siena y Roma. 27 minutos, 2.900 ptas.
- **San Antonio de Padua.** Filmado en el Portugal natal y en Padua. 29 minutos, 2.900 ptas.
- **Santa Teresa de Jesús.** Filmado en Ávila y lugares teresianos. 26 minutos, 2.900 ptas.
- **Los santos que conocimos.** A los tres siguientes, incluidos en este vídeo, se añaden dos: **Montserrat Grases,** joven catalana del Opus Dei, y **Alberto Capellán,** padre de familia, agricultor riojano. 142 minutos, 5.900 ptas.
- **El Hermano Rafael.** Monje trapense propuesto por el Papa como modelo de jóvenes y beatificado por Juan Pablo II. 35 minutos, 2.900 ptas.
- **Práxedes, madre de familia.** Modelo de esposa y madre, asturiana de la cuenca minera. 48 minutos, 2.900 ptas.
- **Manuel González, obispo de la Eucaristía.** El obispo del «Sagrario abandonado» y de las Hermanas Marías Nazarenas. 25 minutos, 2.900 ptas.
- **Junípero Serra, padre de California,** filmado en Mallorca y California, a lo largo de las 21 Misiones Franciscanas. Guión: José A. Martínez Puche. 62 minutos, 2.900 ptas. *(NTSC: 3.500 ptas. o 30 dólares).*
- **Sandalias de viento.** Obra de teatro musical, sobre la vida y mensaje de San Vicente de Paúl, por sor María Fernández París. 2 horas, 2.900 ptas. *(NTSC: 3.500 ptas. o 30 dólares).*
- **Luisa de Marillac, la ternura entre los pobres.** Recorrido histórico, geográfico y espiritual, siguiendo los pasos y los escritos de la fundadora de las Hijas de la Caridad. 56 minutos, 2.900 ptas. *(NTSC: 3.500 ptas. o 30 dólares).*
- **Ignacio de Loyola.** «De buscador de Dios a compañero de Jesús», con guión de José A. Martínez Puche, siguiendo la Autobiografía. 46 minutos, 3.500 ptas. *(NTSC: 4.500 ptas. o 40 dólares).*
- **San Juan de la Cruz,** por J. L. Martín Descalzo. Filmado en los lugares sanjuanistas. 66 minutos, 3.500 ptas. *(NTSC: 4.500 ptas. o 40 dólares).*
- **Pedro Poveda. El grito y el silencio.** Vida y mensaje del fundador de la Institución Teresiana, por Francisca Rosique. 2.900 ptas. *(NTSC: 3.500 ptas. o 30 dólares).*
- **La Madre Esperanza.** Esperanza Alhama. Fundó las Esclavas y los Hijos del Amor Misericordioso y propagó el mensaje del Amor misericordioso de Dios al hombre. Guión: José A. Martínez Puche y Jesús López Sobrino. 35 minutos, 2.900 ptas.
- **Santa Teresa del Niño Jesús. Una mirada, una sonrisa.** Guión de Eduardo T. Gil de Muro, en el Centenario de Santa Teresita. 1.900 ptas.

VÍDEOS VIDA DE LA IGLESIA

Además de la *«Pascua de Jesús»* y *«Los Papas de nuestro tiempo»*. –Ver sección 7: **Catequesis y clases de Religión–**

- **Dominicos frente a conquistadores.** «Porque la fe no puede imponerse por la fuerza», Vitoria, Montesinos y Las Casas se erigieron en defensa de los indios. 30 minutos, 2.900 ptas. *(NTSC: 3.500 ptas. o 25 dólares).*
- **Bartolomé de Las Casas, defensor de indios y negros.** Filmado en América y España. Las Casas, exponente de la defensa de la dignidad de los indios. 55 minutos, 2.900 ptas. *(NTSC: 3.500 ptas. o 25 dólares).*
- **El mundo de las monjas.** Siete reportajes sobre la vida y misión de las monjas de clausura y de las distintas congregaciones de vida apostólica, 2 horas, 2.900 ptas.
- **Familias en misión.** Ante la nueva evangelización, también las familias cristianas se hacen misioneras desde la fe vivida en el Camino Neocatecumenal. 2 horas, 4.900 ptas. *(NTSC: 5.500 ptas. o 45 dólares).*
- **La Renovación Carismática.** Un nuevo Pentecostés sacude a la Iglesia. Con entrevista al padre Tardiff y su carisma de curación. 70 min. 2.900 ptas. *(NTSC: 3.500 ptas. o 30 dólares).*
- **Institutos seculares: Nuevo estilo de consagración.** Consagrados a Dios, en medio del mundo, fermento en la masa. 2.900 ptas. *(NTSC: 3.500 ptas o 30 dólares).*
- **Hijas de la Caridad, 200 años de amor:** La mayor fuerza cristiana en el amor a pobres y enfermos. 60 minutos, 2.900 ptas.

- **Viudas de España, ¡uníos!** «Viudas Hispania» ofrece a las viudas un camino de esperanza. 24 minutos, 2.900 ptas.
- **José Luis Martín Descalzo. Un cura se confiesa por última vez:** homenaje al gran escritor y sacerdote, con imágenes y palabras de él y testimonios. Guión: José A. Martínez Puche. 55 minutos, 2.900 ptas.
- **Viaje al fondo del hombre.** Diálogos de Jesús Quintero, el «Loco de la Colina», con el padre José F. Moratiel, en torno a los interrogantes fundamentales de todo hombre. ¿Quién soy yo? ¿Qué soy yo? 44 minutos, 2.900 ptas.
- **Por el silencio a la paz.** Diálogos de Jesús Quintero con el padre José E. Moratiel, sobre la posibilidad de ser feliz y el silencio. 35 minutos, 2.900 ptas.
- **El Cardenal Tarancón.** Guión de José A. Martínez Puche, que entrevista al Cardenal, con imágenes de su vida y de la historia del siglo XX en España. 47 minutos. 2.900 ptas.
- **Sobre la marcha.** El tetrapléjico Luis de Moya ofrece su testimonio de amor y vida. 2.900 ptas.

PELÍCULAS FAMOSAS

- **Juana de Arco.** Ingrid Bergman, en la «pasión de Juana de Arco (2.900 ptas.
- **Fray Escoba.** La famosísima película sobre San Martín de Porres, protagonizada por René Muñoz. 2.900 ptas.
- **Marcelino Pan y Vino.** Con Pablito Calvo, su Cristo en el desván y sus franciscanos. 2.900 ptas.
- **La historia más grande jamás contada.** Los Evangelios, de la mano de Charlton Heston, John Wayne. 2.900 ptas.
- **Jesús de Nazaret.** De Franco Zeffirelli, en dos videos con cinco horas de la vida y mensaje de Cristo. Los 2 videos: 4.900 ptas.
- **BEN-HUR.** Con sus 11 Oscars, Charlton Heston, en la mejor película de ficción bíblica. Tres horas y media: 2.900 ptas.
- **El Padrecito.** Mario Moreno, Cantinflas encarna la figura de un joven cura que se gana al pueblo. 2.900 ptas.
- **Balarrasa.** Fernando Fernán Gómez protagoniza, con María Rosa Salgado, al célebre misionero católico en Alaska. 2.900 ptas.
- **La Hermana San Sulpicio.** Carmen Sevilla y Jorge Mistral, bajo la dirección de Luis Lucía, en la historia de la monja enfermera. 2.900 ptas.
- **Rosa de Lima.** María Mahor en el papel de la primera santa de América, de la que es patrona. 2.900 ptas.
- **La Señora de Fátima.** Las apariciones de la Virgen y las tribulaciones de los tres pastorcitos, con Femando Rey e Inés Orsini. 2.900 ptas.
- **El Beso de Judas.** Paco Rabal y Rafael Rivelles, reviven el drama del Calvario desde la vivencia de Judas. 2.900 ptas.
- **Los Diez Mandamientos.** Cecil B. de Mille alcanzó su cima, con Charlton Heston y Yul Brynner. Dos vídeos: 4.900 ptas.
- **Un hombre para la eternidad.** Tomás Moro da valientemente su sangre por defender su fe católica frente a Enrique VIII. Orson Welles, Paul Scofield. 2.900 ptas.
- **Isidro el Labrador.** Javier Escribá, protagoniza al Patrón de Madrid y del campo. 2.900 ptas.
- **La canción de Bernardette.** La mejor película de Lourdes, con Jennifer Jones. 2.900 ptas.
- **Jesucristo Superstar.** La representación más actual del drama eterno: los últimos días de Jesús. 2.900 ptas.
- **Quo Vadis,** con Robert Taylor y Deborah Kerr. Tres horas de espléndida representación de la vida y martirio de los primeros cristianos. 2.900 ptas.
- **Tras los pasos de Francisco Javier**. Dos vídeos un CD y folleto 4.995 ptas.
- **Las sandalias del pescador,** con Anthony Quinn y Laurence Olivier. 2.500 ptas.